lonely planet

AF276723

DE CERCA
AZORES

Sandra Henriques

Sumario

Arriba: Nordeste (p. 49).
Abajo: Faial (p. 79).

Puesta a punto ....

DESDE ARRIBA: EVGENI FABISUK/SHUTTERSTOCK ©, LOREDANA HABERMANN/SHUTTERSTOCK ©

El viaje empieza aquí

Las nueve islas de las Azores, perdidas en el Atlántico entre Europa y América, fueron un secreto bien guardado hasta alrededor del 2015, cuando viajar allí empezó a ser más fácil y barato. A medida que el turismo florecía, el archipiélago trató de preservar su autenticidad. Valles exuberantes, playas de arena negra, lagos profundos y cascadas son su seña de identidad. Mi tierra es a ratos aventurera y a ratos muy tranquila; vibrantes festivales de arte y música se mezclan con tradiciones centenarias. Una ocasión para sumergirse en la vida isleña y ser aceptado por los lugareños como uno más.

Sandra Henriques
@sandra.henriques.writer
Sandra es autora de guías de viaje y cuentos de terror. Nacida en las Azores, vivió allí antes de trasladarse a Lisboa en 1997.

Lagoa das Sete Cidades (p. 42).
MARCIAL GOMES/SHUTTERSTOCK ©

Experiencias históricas

Las islas Azores recibieron influencias de las diferentes cultura de sus primeros pobladores, lo que convirtió al archipiélago en un crisol cultural. Esa diversidad se percibe en los museos y en rasgos dispersos del paisaje.

Descubrir la importancia estratégica de la antigua capital en el **Museu de Angra do Heroísmo.** (p. 64; foto)

Ver los **Maroiços do Pico,** extrañas formaciones rocosas que, según algunos, pertenecen a una civilización antigua. (p. 99)

Comprender el impacto socioeconómico de la caza de ballenas y el papel de Faial como centro de ella en la **Fábrica da Baleia de Porto Pim.** (p. 84)

Descubrir las raras **'fechaduras'** (cerraduras de madera) que solo pueden verse en Corvo. (p. 131)

Caminar entre viñedos Patrimonio de la Unesco en **Paisagem da Vinha de Criação Velha,** en Pico. (p. 99)

Visitar el **Cemitério do Carmo,** reservado a extranjeros no católicos residentes en Horta. (p. 88, en la foto)

Dcha.: Criação Velha (p. 99).

LO MEJOR

Al aire libre

Con decenas de rutas de senderismo, playas, pozas y paisajes únicos, las Azores son uno de los principales destinos mundiales para actividades al aire libre, con todo tipo de aventuras.

Flotar y relajarse un par de horas en las aguas termales de **Poça da Dona Beija,** en São Miguel. (p. 45; foto)

Descender al corazón de un volcán dormido en **Algar do Carvão.** (p. 68)

Escalar la montaña más alta de Portugal, el **monte Pico,** pasar la noche y ver amanecer. (p. 100)

Ver lo que queda del volcán que entró en erupción a finales de la década de 1950 en **Capelinhos** y descubrir sus efectos en Faial. (p. 86; foto)

Visitar el único cráter de Corvo, **Caldeirão,** y caminar por un sendero cubierto de musgo hasta su lago. (p. 128)

Ir hasta **Poço da Ribeira do Ferreiro,** en Flores, el paisaje más visto en Instagram de la isla. (p. 131)

Dcha.: Poço da Ribeira do Ferreiro (p. 131).

LO MEJOR

Experiencias artísticas

El aislamiento de las islas ha conformado su arte en las últim. décadas. Y aunque la atención se centra más en lo tradicional comienzan a abrirse las puertas al arte contemporáneo.

Observar las obras de arte contemporáneo entre los viñedos y los árboles en la **MiratecArts Galeria Costam,** accesible gratis las 24 h, los 7 días de la semana. (p. 101)

Conocer a la nueva generación de artistas en una galería o taller de **O Quarteirão,** un barrio de Ponta Delgada. (p. 37)

Ver las últimas exposiciones de arte contemporáneo en **Arquipélago-Centro de Artes Contemporâneas.** (p. 46; foto)

Descubrir artistas y artesanos locales en la sala de exposiciones temporales del **Museo Francisco de Lacerda.** (p. 118)

Encontrar las enigmáticas esculturas de roca volcánica **'Sorrisos de Pedra'** en la isla de Pico. (p. 100; foto)

Admirar una gran colección de dientes y huesos de ballena decorados en el **Museo de Scrimshaw,** obra de marineros y artesanos locales. (p. 89)

Farol dos Rosais (p. 117).

LO MEJOR

Arquitectura

En las Azores hay más edificios inusuales que grandes monumentos. Las iglesias son las principales atracciones arquitectónicas, pero hay algunas sorpresas.

Encontrar las decenas de coloridos **Impérios** –templetes dedicados al Espíritu Santo– en Terceira. (p. 71)

Entrar en la iglesia más antigua de las Azores, la **Ermida dos Anjos,** erigida por los primeros pobladores de Santa María en el s. xv. (p. 144)

Explorar la aldea abandonada de **Caldeira do Mosteiro,** donde la naturaleza ha invadido la mayoría de las casas. (p. 134)

Admirar las tallas de madera natural únicas y los frescos en tonos pastel del altar principal de la **Igreja das Angústias.** (p. 81)

Visitar el **Farol dos Rosais,** un faro cerrado por seguridad tras el gran terremoto de 1980. (p. 117)

Ver la decoración única de los interiores de la **Igreja de Santa Bárbara.** (p. 118)

11

LO MEJOR

Avistamiento de fauna

Los animales vagan libres en las Azores. Verlos en su hábitat natural es más que una experiencia inolvidable: es un privilegio.

Ir a Corvo y descubrir especies raras en una ruta de **observación de aves.** (p. 132)

Reservar una inmersión estival en Santa María y **ver mantarrayas** cerca de la costa. (p. 144)

Dejarse sorprender por delfines juguetones y alguna que otra ballena en un **recorrido en barco** por la costa de Flores. (p. 135)

Ver cachalotes y otros animales marinos a una distancia segura en una excursión de **avistamiento de ballenas** desde Pico. (p. 104)

Acariciar vacas lecheras y sus terneros junto a la quesería familiar **Queijaria O Morro.** (p. 91)

Ver burros en la **Associação de Criadores do Burro Anão da Ilha Graciosa,** ONG responsable de preservar la raza local: el burro da Graciosa. (p. 141; foto)

Dcha.: ballena, Pico (p. 104).

LO MEJOR

Gastronomía

Durante siglos, los habitantes de las Azores han aprendido a arreglárselas con los recursos de los que disponen, dando lugar a una cocina inventiva. Estos platos originales maridan con un vino de Pico.

Disfrutar de un abundante guiso de carne y verduras, el **'cozido das Furnas',** cocinado bajo tierra con vapor volcánico. (p. 48; foto)

———

Hacer una degustación de quesos después de recorrer **Uniqueijo,** en São Jorge. (p. 121)

———

Descubrir el sabor inusual de los buñuelos de **'erva do calhau',** a base de algas, en Flores y Corvo. (p. 133)

Ir a Fajã da Caldeira de Santo Cristo en verano para probar las raras y únicas **almejas** de las Azores. (p. 114; foto)

———

Disfrutar de un plato de sabroso **'alcatra',** el famoso asado de ternera de Terceira. (p. 69)

———

Catar vinos de Pico tintos y blancos en uno de los viñedos de la isla. (p. 99)

Dcha.: cata de vinos, Pico (p. 99).

LO MEJOR

Festivales

Desde festivales de música hasta fiestas religiosas, en las Azores hay celebraciones todo el año. En verano es muy fácil encontrar algún pueblo que celebre a su santo patrón.

Ver un **'bailinho'** (o más) y descubrir la forma única en que Terceira celebra el Carnaval con espectáculos de vodevil amateur. (p. 70)

Asistir al **Tremor** en São Miguel, un festival de música y arte en el que cualquier lugar puede ser un escenario. (p. 46)

Participar en una fiesta de **Espírito Santo,** el evento religioso más popular de las Azores, una de las tradiciones más antiguas de las islas. (p. 73; foto)

Ir a Santa María para ver **Maré de Agosto,** el festival estival de música más antiguo de Portugal. (p. 147)

Seguir a la multitud hasta el centro histórico de Angra do Heroísmo, en Terceira, y divertirse en **Sanjoaninas** con los lugareños. (p. 73; foto)

Honrar el océano con marineros y lugareños en Horta en el **festival Semana do Mar.** (p. 89)

Lo mejor para niños

Pasar la tarde en la **Reserva Florestal Luís Paulo Camacho** en Flores y hacer un pícnic entre árboles y animales en libertad. (p. 134)

Ver la roca con forma de ballena en la carretera a Ponta da Barca en Graciosa, y subir al vecino **Farol da Ponta da Barca** para tener las mejores vistas. (p. 138)

Descubrir la historia del pirata António Freitas y ver su lápida decorada con una calavera y unas tibias en el **Cemitério do Mosteiro de Flores.** (p. 133)

Dirigirse a la **ONG Associação de Criadores do Burro Anão da Ilha Graciosa,** responsable de preservar la raza local, el burro da Graciosa, y conocer algunos ejemplares. (p. 141)

Lo mejor gratis

Hacer una visita autoguiada a las plantaciones de té de la **Fábrica de Chá Gorreana** y la **Fábrica de Chá do Porto Formoso** en São Miguel y terminar con una degustación. (p. 48)

Recorrer las calles de **Angra do Heroísmo** en Terceira, primer sitio declarado Patrimonio Mundial por la Unesco en Portugal. (p. 64)

Ver el campanario **Torre da Urzelina,** el único edificio que sobrevivió a una violenta erupción volcánica en São Jorge en 1808. (p. 60)

Nadar viendo la montaña más alta del país o pasear por la **Praia do Almoxarife** en Faial, una de las más hermosas de las Azores. (p. 87)

Tres días perfectos

Las Azores ofrecen tantas experiencias que puede resultar difícil saber por dónde empezar. Estos itinerarios ayudan a decidir qué visitar.

Vista desde el Miradouro da Serra do Cume (p. 68).

━━━ **PRIMER DÍA** ━━━

Si solo se dispone de un día

MAÑANA

Hay que empezar el día temprano en Terceira e ir al **monte Brasil** (p. 66) para disfrutar de las vistas de **Angra do Heroísmo** (p. 60; foto).

TARDE

Tras almorzar temprano en el centro histórico de Angra, se va al centro de la isla para descender a **Algar do Carvão** (p. 68). Si está cerrado, se puede ir a las cercanas **Furnas do Enxofre** (p. 68). La tarde termina con un baño en las **Piscinas Naturais dos Biscoitos** (p. 69).

NOCHE

El **Miradouro da Serra do Cume** (p. 68) ofrece uno de los paisajes emblemáticos de la isla. Luego, se cena en **O Pescador,** en la Praia da Vitória (p. 76), junto al mar.

SEGUNDO DÍA

Un fin de semana

MAÑANA

Se toma temprano el barco de Flores a Corvo y se pasa la mañana recorriendo las sinuosas calles de **Vila do Corvo** (p. 128). Tras almorzar rápido, se va a **Caldeirão** (p. 128).

TARDE

Toca recorrer cuatro de las **siete lagunas** de Flores (p. 130). Primero la Lagoa Branca, luego la Lagoa Seca, la Lagoa Comprida (foto) y la Lagoa Funda. Si hace buen tiempo, se puede añadir otra: **Poço da Ribeira do Ferreiro** (p. 131).

NOCHE

Antes de cenar, hay que ver la cascada de **Poço do Bacalhau** (p. 133) y luego, ir a **Fajã Grande** (p. 130) para ver la puesta de sol más occidental de Europa.

TERCER DÍA

Una escapada

MAÑANA

Se empieza temprano en São Jorge con una visita a **Fajã dos Vimes** (p. 113) para tomar un café de cosecha local. Luego hay que ir a **Fajã dos Cubres** (p. 113; foto) para ver uno de los pueblos más bellos de Portugal. Para terminar, se alquila un coche para visitar la más aislada **Fajã da Caldeira de Santo Cristo** (p. 114).

TARDE

Hay que conducir al oeste para visitar la fábrica de queso de **Uniqueijo** (p. 116) y hacer una cata. Después se va al oeste para ver el abandonado **Farol dos Rosais** (p. 117).

NOCHE

En **Velas** (p. 121) se puede disfrutar de una cena relajada y unas copas junto al mar.

Con más tiempo

El día empieza en São Miguel con un paseo tras el desayuno por el centro histórico de **Ponta Delgada** (p. 36). Antes del almuerzo, hay que ir al este para disfrutar de las aguas termales y ver las calderas con olor a azufre de **Furnas** (p. 44). Se reserva en un restaurante para probar el típico **'cozido'** (p. 48).

La tarde se pasa en **Nordeste** (p. 49), la zona de São Miguel que los isleños llaman "la décima isla". Hay que dejar tiempo para caminar hasta el **Farol do Arnel** (p. 49), el faro más antiguo de las Azores y uno de los lugares más emblemáticos de São Miguel. No hay que irse sin ver la **Cascata do Salto da Farinha** (p. 50).

Se sale temprano hacia **Ribeira Grande** (p. 51) y se visitan de camino las plantaciones de té **Fábrica de Chá Gorreana** (p. 48) y **Fábrica de Chá do Porto Formoso** (p. 48). La ciudad se recorre a pie terminando con las panorámicas que ofrece el **Miradouro do Palheiro** (p. 51). El día acaba con una cena en el pequeño pueblo pesquero **Rabo de Peixe** (p. 53).

Portas da Cidade, Ponta Delgada (p. 37).

Una excursión

Las islas de **Pico** (p. 93) y **Faial** (p79) están a 30 min en barco entre sí. Si se compran en línea los billetes para el primer ferri de Madalena a Horta se puede pasar un día entero en Faial.

Se recorre la ciudad de **Horta** (p. 80; foto) antes de ir a **Porto Pim** (p. 84) para disfrutar de la playa, almorzar y visitar la **Fábrica da Baleia de Porto Pim** (p. 84) y la vecina **Casa dos Dabney** (p. 85).

Antes de regresar a Pico, se alcanza la cima del **monte Da Guia** (p. 87) o se toma un *gin-tonic* en **Peter Café Sport** (p. 89).

En un día de lluvia

Es una excelente oportunidad para conocer la industria vitivinícola de Pico (foto). Se empieza en el **Museu do Vinho** (p. 97). Hay tres secciones separadas (incluido el mirador cubierto) en el mismo recinto, a pocos pasos unas de otras.

Luego toca conducir hasta **Paisagem da Vinha de Criação Velha** (p. 99) para ver los viñedos Patrimonio Mundial de la Unesco, protegidos por *currais* de basalto (muros de piedra bajos). Se pueden ver de cerca desde el coche.

Se hace una cata de vinos en **Adega do Vulcão** (p. 99) y, después, se va al **Cella Bar** (p. 107) para tomar una copa con vistas.

Prepararse

Costumbres

Los isleños sienten curiosidad por los desconocidos. Los conductores suelen saludar a todo el mundo, especialmente en las islas más pequeñas y los pueblos más remotos. Lo correcto es devolver el saludo.

Aunque no se hable portugués, decir *bom dia* (por la mañana), *boa tarde* (por la tarde) o *boa noite* (después de las 20.00) será siempre bienvenido.

Suministro de alimentos

Debido a las condiciones climáticas y al aumento del turismo, algunas islas pequeñas y remotas pueden tener dificultades con el suministro de alimentos en temporada alta, a pesar de que los cargueros desembarcan cada una o dos semanas. Es una molestia con la que los lugareños han aprendido a convivir, así que hay que ser comprensivo si faltan productos básicos en las tiendas o si un restaurante tiene pocas opciones en el menú.

Información útil

Cajeros automáticos Cuanto más pequeña sea la isla, menos hay. Conviene llevar efectivo (billetes pequeños y monedas) siempre que se pueda.

Mendigos Son insistentes, pero basta un "no" firme para que se alejen. No hay mendigos fuera de las principales localidades.

Restaurantes En ciudades y pueblos pequeños, algunos restaurantes cierran en temporada baja o si no tienen reservas, a pesar de su horario oficial. Lo mejor es preguntar: los lugareños sabrán a quién llamar o cómo encontrar alternativas.

Conducción rural La mayoría de los atascos en el campo los causan rebaños de vacas. Hay que acercarse lo máximo posible al arcén, apagar el motor y esperar.

PROPINAS

No es obligatoria, pero es una forma de cortesía para agradecer un buen servicio. Se pueden dejar unas monedas en la mesa o dejar claro que no se desea el cambio: *fica assim*.

Restaurantes
Por un buen servicio

Cafés y bares
Por un buen servicio

€

Taxis
Redondeo

€5

Visitas guiadas
Por un servicio excepcional

PRESUPUESTO DIARIO

Económico Menos de 125 €

- Cama en un albergue: **desde 30 €**
- Menú de sopa y bocadillo en un bar: **desde 10 €**
- Visita guiada a pie: **desde 10 €**
- Entrada a un museo estatal: **desde 2 €**

Medio 125-250 €

- Noche en apartamento turístico: **100-150 €**
- Menú de tres platos con refresco: **15-20 €**
- Excursión de avistamiento de ballenas: **65-95 €**
- Visita gastronómica: **65-100 €**

Alto Más de 250 €

- Casa de un dormitorio en un pueblo turístico: **desde 200 €**
- Menú de tres platos con vino: **desde 30 €**
- Visita guiada de un día: **desde 85 €**
- Masaje en termas: **desde 80 €**

Moneda
Euro (€)

Idioma
Portugués

Hora local
GMT/UTC -1 h

CONSEJO

El clima en las islas es impredecible, así que hay que estar dispuesto a cambiar de planes en el último minuto o pasar más tiempo en un mirador esperando a que despeje.

23

📅 Cuándo ir

Para disfrutar de un clima fabuloso, festivales diversos, hortensias en flor y condiciones ideales para actividades al aire libre, los meses de junio a septiembre son ideales.

El clima más suave y los festivales atraen a más turistas a las Azores de junio a septiembre. En julio y agosto se alcanza el pico, con visitantes ocasionales y emigrantes que regresan a casa en verano.

En otoño e invierno puede haber días brillantes y soleados, pero la lluvia, el frío y el viento son la norma. Diciembre y enero son excelentes para conseguir vuelos y alojamiento baratos, pero complicados para las actividades al aire libre y las excursiones, ya que muchos lugares son inaccesibles.

Grandes eventos

Junio Las **Sanjoaninas** (p. 73) son el evento festivo más popular de Terceira, con coloridos desfiles callejeros, puestos de comida, conciertos y dos semanas de diversión en honor a san Juan, uno de los santos más ubicuos de Portugal.

Agosto La **Semana dos Baleeiros** (p. 101) rinde homenaje a los antiguos balleneros de Pico y a su industria con conciertos, puestos callejeros de artesanía y comida tradicional y una regata de buques balleneros.

Agosto La **Semana do Mar** (p. 89) se celebra en Horta, capital de la isla de Faial, en torno a su animado puerto deportivo. Los lugareños celebran el océano con conciertos, deportes acuáticos, sesiones de DJ y desfiles callejeros.

Agosto Maré de Agosto (p. 147), uno de los festivales de música más antiguos de Portugal, atrae a una

Clima

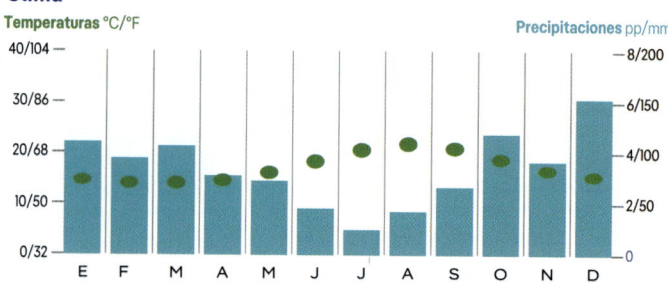

Temperaturas °C/°F — Precipitaciones pp/mm

Sanjoaninas (p. 73).

multitud a la isla de Santa María. El cartel es una mezcla de bandas nacionales e internacionales de diferentes géneros.

Nuevo y moderno

Marzo Los artistas se reúnen en São Miguel para realizar residencias artísticas, charlas y exhibir su obra en lugares inusuales durante el **Tremor** (p. 44). Entre las 'etapas' anteriores figuran las aguas termales del jardín botánico Terra Nostra.

Julio El **Azores Fringe Festival** combina lo tradicional y lo no convencional en espectáculos callejeros, conciertos, obras de teatro, exposiciones y proyecciones de películas. Tiene su sede en Pico, pero hay eventos en todas las islas.

Agosto El festival playero ecológico **Azores Burning Summer** (p. 46) lleva conciertos y sesiones de DJ a la Praia dos Moinhos, en São Miguel. Entre los géneros más populares figuran las músicas del mundo, el *funk* y el soul.

Junio y julio La bienal **Walk&Talk** regresa en el 2025. Este festival de arte contemporáneo, que busca descubrir nuevos artistas, tiene su sede en São Miguel, pero viaja a otras islas.

--- **CONSEJOS SOBRE ALOJAMIENTO** ---

En las islas más pequeñas (Corvo, Graciosa y Flores), con menos hoteles, los precios alcanzan su pico entre junio y agosto y las plazas son escasas. En Faial, Pico, São Jorge, Terceira, São Miguel y Santa María hay más opciones, desde alojamientos económicos hasta hoteles de lujo.

✈ Cómo llegar

La mayoría de los vuelos internacionales aterriza en el aeropuerto João Paulo II (PDL) en São Miguel. Algunos lo hacen en Lajes (TER) en Terceira.

Del aeropuerto al centro de la ciudad

En taxi

El taxi es la forma más cómoda de llegar al centro desde el aeropuerto en todo el archipiélago, excepto en Corvo, donde no hay taxis y se puede llegar a pie al único pueblo. Los precios oscilan entre 5 y 25 €. Para facilitar el cálculo hay que saber que la bajada de bandera cuesta 3,60 € y cada kilómetro recorrido otros 0,74 €. De 21.00 a 6.00, y los domingos y festivos, los taxis añaden un recargo del 20%.

En autobús

El transporte público no siempre es fiable, por lo que puede ser necesario un plan B para ir del aeropuerto al centro de la ciudad. En las islas de Terceira y Santa María, los autobuses circulan con una frecuencia algo mayor. Los billetes se compran a bordo.

En coche

Alquilar un automóvil es la forma más rápida y directa de llegar al centro. En todos los aeropuertos (excepto Corvo) hay agencias en la terminal de llegadas. Es preferible elegir una empresa que esté presente en todos los aeropuertos, ya que facilita la gestión de las reservas en caso de retrasos o cancelaciones de vuelos si se viaja entre islas.

Otros puntos de entrada

En avión

También se puede volar a las Azores directamente desde Lisboa u Oporto a los aeropuertos de Santa María (SMA), Faial (HOR) y Pico (PIX). Azores Airlines opera uno o dos vuelos por semana.

En crucero

No es lo más común, pero es posible llegar a algunas islas en un crucero en primavera y en verano.

🚂 Cómo desplazarse

En cada isla se puede alquilar un automóvil o contratar un taxi, ya que no hay aplicaciones de viajes compartidos. Para hacer senderismo, es posible organizar el traslado de ida y vuelta con los taxistas locales. El ferri es la mejor opción para viajar a islas vecinas (Faial, Pico y São Jorge; Flores y Corvo).

Avión

Los isleños dependen de los vuelos entre islas, por lo que las conexiones son frecuentes, aunque no suele haber plazas en temporada alta. SATA Azores Airlines opera todos los vuelos. Cuando la demanda es alta, suele haber salidas adicionales (sujetos a la disponibilidad de aviones).

Ferri

Los ferris de Atlântico Line son la forma más fácil de viajar entre Flores y Corvo, y las islas del Triángulo (Faial, Pico y São Jorge) durante todo el año. También se puede viajar en ferri a/desde Terceira y Graciosa, de junio a septiembre. Los ferris entre las islas del Triángulo pueden transportar automóviles, motos, bicicletas y mascotas (solas o con su dueño).

Autobús

En todas las islas hay autobuses públicos excepto en Corvo, la más pequeña. No es la opción más fiable si el tiempo es limitado, ya que en la mayoría de los casos solo realizan dos trayectos (pensados para trabajadores y estudiantes): uno por la mañana temprano y otro al final de la jornada. La fre-

DE IZDA. A DCHA.: WWW.APPS.APPLE.COM ©, ANDREIA VEIGA/SHUTTERSTOCK ©

'APP' ESENCIAL

SATA Azores Airlines permite reservar vuelos entre islas.

cuencia, las tarifas y las empresas varían según la isla. En vacaciones la frecuencia se reduce.

Taxi

El taxi es la forma más fácil de desplazarse y hacer turismo, sobre todo para quienes no conducen. Las tarifas son fijas y no suelen ser negociables (pero no pasa nada por preguntar).

A pie y senderismo

Sobre todo en las islas más peque-ñas (Corvo, Flores, Graciosa, Santa María y Faial), lo mejor es moverse a pie, si se dispone de tiempo. Para descubrir las zonas menos urbani-zadas, todas las islas cuentan con rutas de senderismo señalizadas (véase trails.visitazores.com/es) con distintos niveles de dificultad.

Bicicleta

En Angra do Heroísmo (Terceira) se puede descargar la aplicación Moovi y alquilar una bici eléctrica para recorrer la ciudad, aunque no hay carriles bici.

Coche de alquiler

Alquilar un coche es la forma más sencilla de desplazarse. Los mapas de carreteras son sencillos y es difícil perderse. Algunas calles es-trechas parecen de un solo sentido, pero no siempre es así. Hay que respetar los límites de velocidad.

Información práctica

Billetes de ferri

Los billetes de ida cuestan desde 3,80 € para un trayecto entre Faial y Pico (30 min aprox.). Hay descuentos para personas mayores, viajeros con discapacidad, niños, familias y grupos de 10 o más pasajeros. Los viajes de ida y vuelta se cobran por separado.

Se pueden comprar los billetes en línea en atlanticoline.pt (la op-ción más fácil y rápida) o en las es-taciones de ferri (São Miguel, Pico, Faial y São Jorge). Los horarios de venta varían según los trayectos.

Azores Air Pass

SATA Air Azores opera los vuelos entre islas; sus precios varían en función de la demanda y la época del año. Para motivar a los turistas con un presupuesto limitado a visi-tar más islas, SATA Azores Airlines creó el Azores Air Pass, que per-mite a los no residentes reservar vuelos para hasta tres islas (con escalas de más de 24 h) con un solo billete (no reembolsable). También sirve para escalas ilimitadas en cualquier isla (una opción más ase-quible para ir de isla en isla), con estancias de menos de 24 h.

ste billete es válido para viajeros que
eguen a las Azores en vuelos chárter,
nternacionales y nacionales, y está
lisponible únicamente a través del
entro de atención telefónica o en la
veb de SATA Azores Airlines.

illetes de autobús

ada isla (excepto Corvo) tiene su
ropia empresa de autobuses, por
o que las tarifas varían en función
le la compañía y de la distancia.
os billetes son de ida y vuelta y no
ay descuentos. Los viajeros deben
omprar el billete a bordo, preferible-
nente en efectivo (monedas y billetes
equeños). No hace falta validar los
illetes, pero sí conservarlos hasta
el final del viaje.

PRECIOS

**Bajada de
bandera de taxi**
3,60 €

**Atlântico Line
Sea Pass**
60 € por hasta
cuatro trayectos

Coche de alquiler
20-70 € al día

CUÁNDO COMPRAR BILLETES DE FERRI

Los trabajadores que se desplazan entre islas, especialmente entre Faial y Pico,
utilizan mucho el ferri. Conviene comprar los billetes con antelación.

BILLETE
Cada pasajero del ferri puede viajar con dos piezas
de equipaje (hasta 25 kg) y un bolso de mano.

Trayecto	Adulto	Mascota	Coche
Flores-Corvo	10 €	n/d	n/d
Faial-Pico (Madalena)	3,80 €	1 €	22 €
Faial-Pico (São Roque)	12 €	2 €	22 €
Faial-São Jorge (Velas)	15,5 €	2 €	32 €
Faial-São Jorge (Calheta)	22 €	2 €	32 €
Pico-São Jorge	10,5 €	1 €	25 €

LÍNEAS DE FERRI

Rosa Flores y Corvo

Azul Faial y Pico

Verde Faial, Pico
y São Jorge

Lila y blanco (en temp.)
Graciosa y Terceira

Otra cara de las Azores

Cristos que detienen terremotos, extraños sonidos nocturnos y fiestas con comida y bebida gratis. Un acercamiento a lo inesperado.

Imágenes milagrosas

La mayoría de los lugareños tiene, desde los tiempos de los primeros colonos, una fe inquebrantable en la intervención divina. En un principio, esto explicaba las tormentas, los volcanes y los terremotos. Como ejemplo de estas creencias, varias tradiciones aluden a imágenes milagrosas que salvaron a los isleños de tragedias naturales. Se dice que la del Santuário do Senhor Santo Cristo dos Milagres (p. 48), que se puede visitar en Ponta Delgada, detuvo un terremoto en São Miguel hacia el s. XVIII. Historias similares en otras islas son el origen de la mayoría de las celebraciones religiosas actuales.

Sonidos extraños en la noche

En una cálida noche de verano, todo está tranquilo y sopla una brisa fresca en la terraza. De repente, un extraño *waka waka* perturba el silencio; es inútil buscar el origen de este sonido, porque lo que sea que haya pasado volando ya se ha ido. No hay nada que temer: es solo el *cagarro* (pardela atlántica), un ave que anida y se reproduce en las Azores y cuyo característico grito es la banda sonora no oficial del archipiélago. Están por todas partes de marzo a octubre.

Fiestas populares gratuitas

Los coloridos *impérios* (p. 71) son típicos de Terceira, pero todas las islas tienen su versión de estas capillas en honor al Espíritu Santo. De mayo a septiembre, el archipiélago celebra al Espíritu Santo (p. 73) cada domingo. Todos están invitados y pueden sentarse y comer mientras haya con qué llenar el plato.

FUERA DE RUTA

Ir a la plantación de café de **Fajã dos Vimes** (p. 113) y beber un expreso elaborado con granos locales.

Visitar el desierto rojo de **Barreiro da Faneca** (p. 146), único en su tipo, en Santa María.

En Horta (Faial), caminar hasta el **Cemitério do Carmo** para ver una de las vistas más hermosas de Pico (p. 88).

Descubrir los lugares donde se rodó la serie de Netflix **'Rabo de Peixe'** en un viaje al pueblo pesquero homónimo (p. 51).

Pardela atlántica, Pico (p. 93).

Espírito Santo (p. 73).

Explora las Azores

Ribeira do Ferreiro (p. 131).
© MARCO BOTTIGELLI/GETTY IMAGES ©

Sugerencias de lugares para comer, beber y comprar en **p. 54**

Explora
São Miguel

São Miguel es la más grande de las nueve islas de las Azores y la que recibe más vuelos desde Europa y Norteamérica, disponibles casi todo el año. Los forasteros la llaman con frecuencia 'la isla principal" y consideran su ciudad más grande, Ponta Delgada, la capital del archipiélago, lo que hace que otros isleños se sientan un poco molestos: no existe una capital. El turismo allí es más abundante, en parte porque es más fácil llegar y porque si solo se dispone de tiempo para visitar una isla, esta es la indicada: es remota, pero no demasiado, y ofrece de todo, desde vistas y paisajes impresionantes y aislados hasta barrios cosmopolitas y bohemios. Es la mejor presentación para quienes visitan por primera vez las Azores y quieren familiarizarse con su estilo de vida.

Cómo desplazarse

🚗 Coche de alquiler
La forma más cómoda de desplazarse. Fuera de las ciudades, las carreteras son sinuosas y a veces están mal asfaltadas.

🚕 Taxi
Si no se dispone de vehículo se puede reservar un taxi por un día. Hay tarifas fijas dependiendo del destino, incluidos los principales puntos de interés.

🚌 Autobús
La forma más económica de viajar; es un reto, pero factible con algo de planificación. Las paradas de autobús no son fáciles de localizar y puede que sea necesario preguntar.

Câmara Municipal, Ponta Delgada (p. 37).
DALIU/SHUTTERSTOCK ©

★ LO MEJOR

Visitar la plantación de té de **FÁBRICA DE CHÁ GORREANA** (p. 48).

Sumergirse en la **POÇA DA DONA BEIJA,** una piscina termal (p. 45).

Descubrir la arquitectura en un **RECORRIDO A PIE POR PONTA DELGADA** (p. 36).

Recorrer las sublimes lagunas de **SETE CIDADES** (p. 42).

EXPLORA

SÃO MIGUEL

El arte de Ponta Delgada

El encanto arquitectónico de Ponta Delgada, con sus calles adoquinadas y sus edificios blancos y negros, se aprecia mejor por la mañana, con el trajín de los lugareños que van a los cafés a desayunar antes del trabajo, la calma de los jardines urbanos y la energía del barrio más creativo y artístico de la ciudad.

INICIO	FINAL	DURACIÓN
Portas da Cidade	Campo de São Francisco	2 km; 1 h

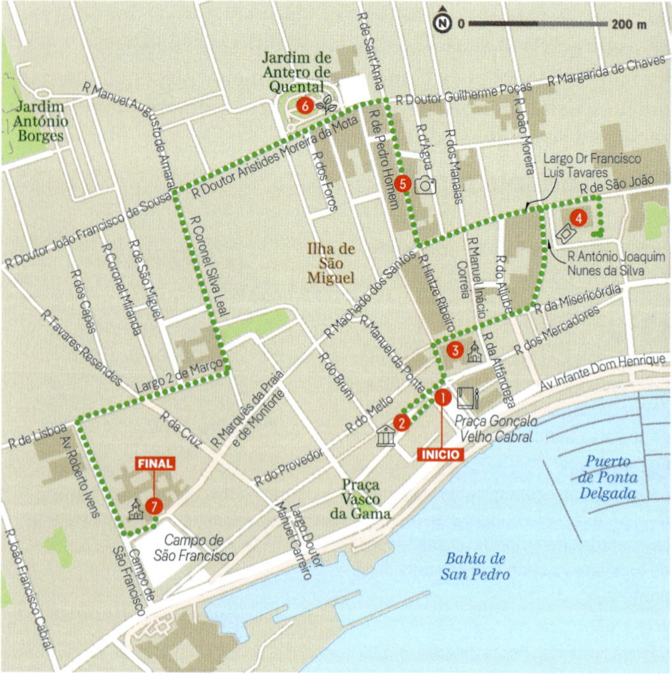

❶ Entrada a la ciudad

El paseo empieza en Praça Gonçalo Velho, donde los tres arcos del s. XVIII, conocidos como **Portas da Cidade,** dan la bienvenida a Ponta Delgada. Este es el corazón del centro histórico, donde convergen calles peatonales repletas de cafés, restaurantes y tiendas.

❷ Ayuntamiento

Al cruzar las Portas da Cidade hay que girar a la izquierda hacia la **Câmara Municipal** (ayuntamiento) del s. XVII, con su estanque reflectante y su *calçada portuguesa* de piedras blancas y negras alternadas como rayos de sol en lugar del típico patrón ondulado.

❸ Barroco de las Azores

Dejando atrás la Câmara Municipal y a la derecha las Portas da Cidade aparece el tercer edificio histórico, la **Igreja Matriz de São Sebastião.** Es una iglesia típica de las Azores del s. XVI, con líneas limpias y molduras de piedra basáltica, un pórtico ornamentado, complejos techos de piedra e interiores de madera tallada.

❹ Teatro de mediados de siglo

Hay que rodear la iglesia para verla en su totalidad y luego continuar hacia Rua da Misericórdia. A la izquierda, en Rua do Aljube y Rua António Joaquim Nunes da Silva se concentran los cafés y restaurantes de moda. A la derecha, en Rua de São João está el **Teatro Micaelense.** Inaugurado en 1951, este teatro de mediados del s. XX fue la principal sala de la ciudad hasta principios de la década del 2000.

❺ Barrio artístico

Al retroceder por Rua de São João y continuar hasta Rua de Pedro Homem, un gran cartel amarillo señala el comienzo de una zona creativa. Es **O Quarteirão,** un barrio donde los diseñadores y artistas locales han abierto sus tiendas.

❻ El jardín del poeta

Hay que subir la calle, curioseando en las tiendas y galerías de arte interesantes, y girar a la izquierda por Rua Dr. Aristides Moreira da Mota. A la derecha está el antiguo monasterio jesuita, ahora un museo de arte religioso. Más adelante, el **Jardim Antero de Quental,** llamado así en honor al poeta de São Miguel, cuenta con un monumento *art-déco* del escultor portugués Canto da Maia.

❼ Atracción religiosa

Al girar a la izquierda hacia Largo 2 de Março y caminar por Avenida Roberto Ivens hasta Campo de São Francisco, se encuentra el **Santuário do Senhor Santo Cristo.** Muchos lugareños buscan en este lugar de devoción y peregrinación consuelo y algún favor de la imagen del Ecce Homo.

Ribeira Grande

0 — 500 m

Océano
Atlántico
Norte

Miradouro do
Palheiro **23**

R do Rosário

Ponte
dos Oito
Arcos **25**

Praia
do Monte
Verde **24**

26 Museu
da Emigração
Açoreana

R Adolfo
Coutinho
de Medeiros

3 Arquipélago –
Centro de Artes
Contemporâneas

Océano
Atlántico
Norte

Praia dos
Mosteiros

Ilhéus dos
Mosteiros

Pico do
Mafra

Pilar
da Bretanha

João
Bom

Área de Paisagem
Protegida das
Sete Cidades

22 Caldeira do
Alferes

Lagoa Azul

Santa
Bárbara

Termas da
Ferraria

28 Pico das
Camarinhas

43 Igreja de São Nicolau

Santo António

Farol
Cint

27

56 Sete Cidades

Lagoa de Santiago

Pico da Cruz

Véase "Ribeira Grande"

Ponta da
Ferraria

Lagoa
Verde

Miradouro
da Vista
do Rei

Lagoa
Rasa

Merendário da
Volta do Salto

Capelas

São Vicente

Rabo de
Peixe

Candelária

Ferreira

Calhetas

Reserva
Florestal de
Recreio do
Pinhal da Paz

30 **41**

Ribeira
Grande

Pico do
Carvão

Pico do
Cedro

Pico
Grande

Monumen
Natural
Caldeira Vell

Feteiras

Serra
Gorda

Pico do
Cascalho

Cruz

Ananases
Arruda

7 Praia do
Pópulo

Cerâmica
Vieira

Véase "Ponta
Delgada"
(p. 40)

32

21 **18**

31 **35** Lagoa

Relva

Aeropuerto
João Paulo II

Ponta
Delgada

Rosto do Cão
(São Roque)

Praia das
Milícias

Água
de Pau

Puerto de
Ponta Delgada

Bahía de
San Pedro

N 0 — 10 km

Furnas

Campo de fútbol de Furnas

Parque Beatriz do Canto

Reserva Florestal de Recreio do Viveiro das Furnas

Água da Prata

Caldeiras

Furnas

R Doutor Frederico Moniz Pereira

Parque Terra Nostra

Praça Multiusos

Poça da Dona Beija

Cemitério das Furnas

Caminho do Atlem

Área de Paisagem Protegida das Furnas

0   500 m

Cascata do Salto da Farinha

Fenais da Ajuda

Algarvia

Lomba da Fazenda

Nordeste

Farol do Arnel

Azores Burning Summer

Porto Formoso

Maia

Parque Natural da Ribeira dos Caldeirões

Reserva Natural do Pico da Vara

Miradouro da Ponta do Arnel

Fábrica de Chá do Porto Formoso

Fábrica de Chá Gorreana

Ilha de São Miguel

Pico da Vara

Reserva Florestal de Recreio do Viveiro das Furnas

Reserva Florestal de Recreio de Água Retorta

Pico Bartolomeu

Monte Escuro

Área de Paisagem Protegida das Furnas

Pico do Ferro

Furnas

Véase "Furnas"

Água Retorta

Água Retorta

o da rrosa

Lagoa do Fogo

Pico da Vela

Lagoa do Congro

Cedros

Lagoa das Furnas

Pico do Gaspar

Festa do Chicharro

Povoação

Salto do Prego

eira Água de Alto

Vila Franca do Campo

Ponta Garça

Ribeira Seca

Ribeira Quente

Fogo

Pico dos Bodes

Área Protegida de Gestão de Recursos da Costa Este

Praia do Fogo

Ilhéu de Vila Franca

Puerto de Vila Franca do Campo

Más información

Imprescindible ⭐ p. 42
Experiencias 🎉 p. 46
Comer ❌ p. 54
Beber 🥤 p. 56
Comprar 💰 p. 57

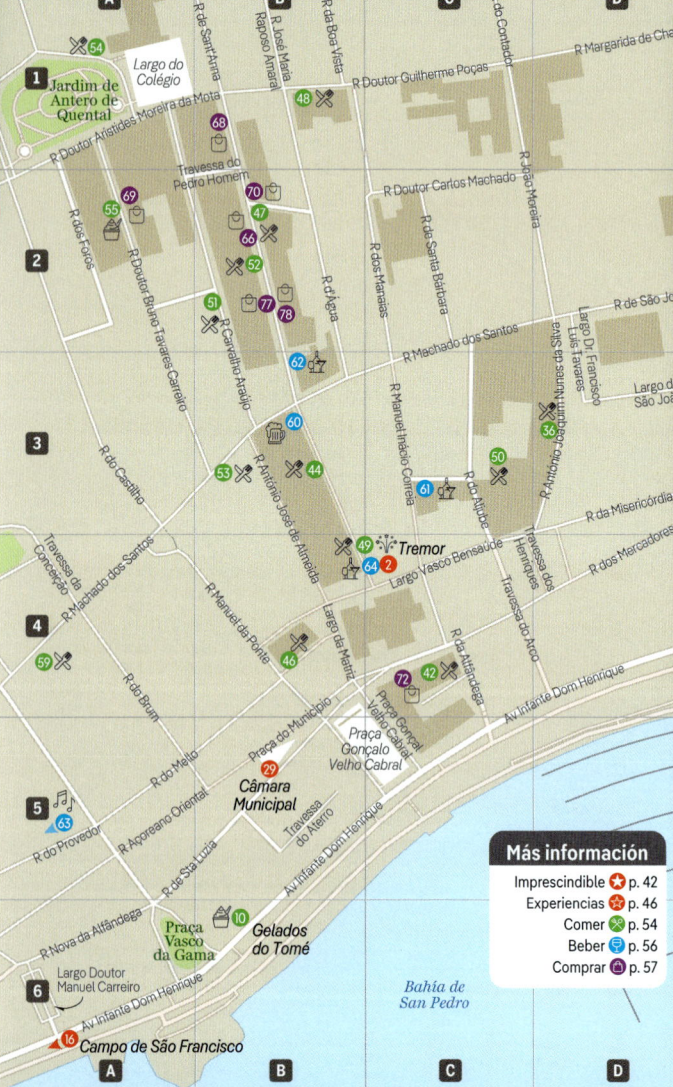

Más información

Imprescindible	⭐ p. 42
Experiencias	✳️ p. 46
Comer	✳️ p. 54
Beber	🍷 p. 56
Comprar	🛍️ p. 57

E   F   G   H

1

N 0 ——————— 200 m

R. Padre Sarrião

R. Padre Cesar Augusto Ferreira Cabido

67

R. do Mercado

2

58 65 76 73

Travessa da Graça

R. Tavares Canário

R. do Melo

R. das Calabres

R. João Melo Abreu

Travessa João Melo Abreu

3

R. Ernesto do Canto

R. do Calhau

R. dos Clérigos

Largo de Camões

R. Dr. José Bruno

Tavares Carreiro

Largo Almirante Dunn

R. de São Pedro

R. do Castaño

R. da Fonte

Av. João Bosco Mota Amaral

Piscinas de São Pedro 20

4

Av. Infante Dom Henrique

Piscinas do Pesqueiro 19

6 Carnaval

Puerto deportivo de Ponta Delgada

5

71

Portas do Mar

Puerto de Ponta Delgada

6

E   F   G   H

⭐ **IMPRESCINDIBLE**

Sete Cidades

A primera vista, parece que en Sete Cidades no hay mucho que hacer, pero no hay que apresurarse a ir directo a los famosos miradores sobre esta laguna bicolor antes de dirigirse al siguiente punto de interés. Conviene pasar una mañana en los alrededores para disfrutar del entorno bucólico.

PLANO: P. 38 **B3**

CONSEJO
Hay que ir temprano por la mañana en coche o taxi a Vista do Rei, explorar otros puntos de interés en el camino de vuelta y, por último, visitar el pueblo.

Miradouro da Vista do Rei

Hay unas vistas de postal de la laguna de Sete Cidades desde el Miradouro da Vista do Rei: en un día despejado, puede verse la diferencia de color entre su lado verde y el azul. Es uno de los lugares más famosos y fotografiados de la isla, pero merece la pena soportar las multitudes en temporada alta y pasar un rato en el mirador. Detrás, las ruinas del Hotel Monte Palace se alzan como un fantasma de hormigón. Aunque de vez en cuando aparecen en redes sociales fotos del interior de este lugar abandonado, es propiedad privada y la entrada está prohibida; además, décadas de abandono la han convertido en un lugar inseguro. Una foto desde el exterior, entre la niebla, es igual de sugerente.

Lagoa de Santiago

La de Santiago es un poco menos famosa que la Lagoa das Sete Cidades, pero igual de fotogénica. En el momento de redactar esta guía, el mirador oficial estaba cubierto de vegetación, por lo que solo se podía atisbar la laguna entre altos y frondosos árboles. Pero por la carretera que llega de Vista do Rei hay una perspectiva mejor 2,1 km antes del mirador oficial, a través de un camino de tierra levemente empinado. Para descansar antes de

NIDO HUEBL/SHUTTERSTOCK ©

llegar al pueblo de Sete Cidades, se puede hacer un pícnic en el frondoso refugio de **Merendário da Volta do Salto.**

Pueblo de Sete Cidades

Hay que dejar para el final el recorrido por el pueblo de Sete Cidades y regresar por el puente de piedra que separa el lado verde (izquierda) del azul (derecha) de la laguna. No hay gran cosa para pasar el rato. El monumento más interesante es la pintoresca **Igreja de São Nicolau,** en el centro. Luego se puede dar un paseo por la orilla de la laguna o, si es verano, alquilar un kayak para terminar la mañana. También se puede ir de un mirador a otro y explorar diferentes ángulos de la laguna en una ruta de senderismo por el sendero Mata do Canário (11,8 km).

PAUSA PARA UN TÉ
Se puede hacer un alto en **Casa de Chá O Poejo** (p. 56) para tomar un té de Gorreana y un trozo de tarta. También hay ensaladas y bocadillos.

Furnas

Famosa por sus fuentes termales y su *cozido* (tradicional cocido de carne y patatas cocinado bajo tierra con vapor volcánico, p. 48), Furnas es uno de los lugares destacados de la isla de São Miguel. En el lugar hay un parque público con pozas de agua hirviente que liberan vapor.

PLANO: P. 38 **F4**

CONSEJO
Hay que salir temprano en coche o tomar el primer autobús (el nº 110, a las 7.15) desde Ponta Delgada para llegar antes que las multitudes y recorrer Furnas.

Escanea este código QR para comprar entradas para Poça da Dona Beija.

'Caldeiras'

Al llegar a Furnas, es imposible no notar el olor a azufre, aunque es tenue hasta el entorno de las *caldeiras,* pequeñas pozas de agua calentada por la actividad volcánica subterránea a menos de 1 km del centro. Están en un pequeño parque, protegidas por rocas, pero uno puede acercarse lo bastante para sentir el calor. Lleva tiempo acostumbrarse al olor y al vapor. La temperatura del suelo aquí sería suficiente para cocinar; baste decir que una de las *caldeiras* lleva el nombre del demonio Asmodeo, pero el típico *cozido* (p. 48) se prepara en otros lugares, supervisados por cocineros experimentados.

Parque Terra Nostra

El parque Terra Nostra es famoso por su gran piscina termal, donde se puede nadar o sumergirse en agua caliente sin limitación alguna (la entrada cuesta 10 € y es válida para todo el día, con posibilidad de salir y volver a entrar). Los jardines botánicos son otra razón para visitarlo. Un sendero que comienza y termina junto a la piscina lleva por caminos de tierra bordeados de altos árboles de diferentes partes del mundo. La suave caminata es

MARIJA KRCADINAC/SHUTTERSTOCK ©

una gran experiencia en sí misma, pero, además, hay desvíos a jardines más pequeños dedicados a especies concretas, incluido uno de plantas y flores endémicas de las Azores. Cuando llueve el sendero es resbaladizo y fangoso.

Poça da Dona Beija

El otro centro termal de Furnas (más pequeño que Terra Nostra, que se encuentra a 550 m), son las cinco piscinas de Poça da Dona Beija, ideales para disfrutar de los beneficios de un balneario natural antes o después de hacer turismo, apto para niños y personas que no sepan nadar: en las piscinas menos profundas, es posible sentarse y sumergirse hasta la cintura. El tiempo máximo para hacerlo es de 1½ h (entrada de 8 €).

UNA PAUSA PARA UN CAFÉ
Antes o después de visitar las *caldeiras* se puede tomar un café y un pastel en **Padaria Glória Moniz** (p. 56) y comprar *bolos lêvedos* (pan dulce tradicional de Furnas).

45

EXPERIENCIAS

Asistir a los conciertos del Azores Burning Summer
FESTIVAL DE MÚSICA

PLANO: P. 38 **E4**

Los veranos son muy animados en São Miguel en cuanto a festivales, pero el **Azores Burning Summer,** a finales de agosto, es el primero que se preocupa del impacto medioambiental desde su primera edición en el 2015. Priorizan las concentraciones pequeñas y se esfuerzan por ser completamente sostenibles, con cero residuos y sin tráfico cerca del recinto (o el mínimo posible). El cartel es muy diverso, y suele incluir artistas internacionales, nacionales y locales, incluidos DJ residentes.

Escuchar música en el Unexpected Stages de Tremor
FESTIVAL DE MÚSICA

PLANO: ❷ P. 40 **C4**

En los últimos 10 años, Tremor ha revolucionado la escena cultural de São Miguel. Es una semana de talleres, música en vivo en lugares inusuales (como un concierto en el que el público se baña en la piscina termal del parque Terra Nostra; p. 44), eventos sorpresa, charlas y conferencias. Todo por y para los vecinos, a quienes se invita a formar parte de los espectáculos e incluso a proponer ideas. Las entradas se agotan rápidamente, lo que convierte este festival en uno de los más exitosos del archipiélago en primavera.

Ver arte contemporáneo local en Arquipélago
CENTRO CULTURAL

PLANO: ❸ P. 38 **C2**

Las Azores tardaron un tiempo en dejar de centrarse únicamente en el folclore y la tradición local para dar más espacio al arte contemporáneo y a las diversas formas de expresión creativa. Hasta que se creó **Arquipélago-Centro de Artes Contemporâneas,** en la isla no había un sitio permanente para que los artistas contemporáneos de las islas se presentaran a nuevos públicos. Además de las exposicio-

---

🛡 CAPITAL PORTUGUESA DE LA CULTURA 2026

Ponta Delgada fue una de las ciudades portuguesas preseleccionadas para convertirse en Capital Europea de la Cultura en el 2027. El objetivo del comité Ponta Delgada-Azores 2027 era reinterpretar la identidad cultural del archipiélago bajo el lema "Nuestra naturaleza es humana". Al final, Évora fue la seleccionada. Para compensarlo, el ministro de Cultura portugués nombró a Ponta Delgada y a las otras ciudades finalistas Capitales Portuguesas de la Cultura. Después de Aveiro (2024) y Braga (2025), en el 2026 será el turno de Ponta Delgada, con eventos culturales (aún por anunciar) durante todo el año.

🔷 DULCE DE TEMPORADA

Visitar São Miguel en carnaval (febrero) permite probar el dulce de temporada llamado *malassadas* (una masa frita parecida a una rosquilla espolvoreada generosamente con canela y azúcar). Si después de comerla los dedos no están pegajosos es porque faltaba azúcar. Más que un dulce festivo era una forma de utilizar todo el azúcar y la manteca de cerdo en los hogares antes de la Cuaresma. En el s. XIX, esta receta llegó incluso al otro lado del océano gracias a los inmigrantes de las Azores que se instalaron en Hawái.

nes temporales, este centro cultural de Ribeira Grande también se centra en programas educativos para la juventud local.

Celebrar la caballa en la Festa do Chicharro   FESTIVAL

PLANO: **4** P. 38 **G5**

El chicharro (más conocido como jurel) es un alimento básico en las Azores, sobre todo su versión más pequeña que se reboza en harina y se fríe. En Ribeira Quente, un pueblo pesquero a 50 km de Ponta Delgada, enclavado entre un profundo valle y el océano, este pescado es el rey de una fiesta que se celebra desde hace más de 30 años, la **Festa do Chicharro.** Durante tres días de julio, las noches son todo música y cultura local, con numerosos puestos donde se sirven platos de chicharro y otros alimentos tradicionales. De día se puede nadar en las cálidas aguas de la **Praia do Fogo** (PLANO: **5** P. 38 **F5**) o solazarse en la arena.

Festejar el carnaval con una guerra de agua   FESTIVAL

PLANO: **6** P. 40 **E4**

En Ponta Delgada, se congregan multitudes (a pie o en camiones grandes, armadas con cubos y pistolas de agua) en una zona del centro que se cierra el martes de **carnaval** para lanzarse bolas de cera finas con forma de huevo llenas de agua, en lo que se conoce como Batalha das Limas. La tradición comenzó en el s. XVI, cuando la gente se arrojaba fruta para celebrar la llegada de la primavera. Con el paso de los años, desafortunadamente, los globos y las bolsas de plástico sustituyeron a las limas.

Saborear frutas locales   RUTA GASTRONÓMICA

PLANO: **7** P. 38 **C4**

¿La fruta por excelencia de São Miguel? La piña. Pequeña, redonda, jugosa y no demasiado dulce, es uno de los mejores recuerdos de la isla. **Ananases Arruda** ofrece visitas guiadas a sus invernaderos, pero el verdadero placer es probar la fruta al final de la visita, en forma de bebida o postre. Otra opción es omitir la visita y acudir directamente a la degustación o comprar piña en un supermercado o tienda de alimentación. El Mercado Da Graça (p. 57), en Ponta Delgada, es un excelente punto de partida. El maracuyá es otro producto local delicioso.

Descubrir los tés locales
PLANTACIÓN DE TÉ

PLANO: **8** P. 38 **E4**

No es ningún secreto que São Miguel alberga la plantación de té más antigua de Europa (fundada en el s. XIX). Pero aunque **Fábrica de Chá Gorreana** se lleva la mayoría de la fama y el mérito, y está incluida en todas las visitas guiadas (en parte por ser la primera empresa de té de la isla), no es el único lugar donde se puede disfrutar de una infusión recién hecha, con hojas cultivadas en las Azores. Hay que andar 2,3 km por la carretera para visitar la segunda empresa local, especializada en té ecológico, **Fábrica de Chá do Porto Formoso** (PLANO: **9** P. 38 **E4**). Si se dispone de tiempo, hay que visitar ambas, probar una taza y comparar.

Gorreana recibe mucha más gente (en temporada alta es insoportable después de las 9.30) y vende bollería. Chá Porto Formoso no ofrece pasteles, pero la vista mientras se saborea su Azores Home Blend lo compensa.

Adoptar una costumbre local
COMIDA CALLEJERA

PLANO: **10** P. 40 **B6**

En las noches de verano, e incluso en invierno y los domingos templados, los vecinos de Ponta Delgada pasean junto al mar por **Avenida Infante Dom Henrique.** La noche no está completa sin un perrito caliente de uno de los puestos que bordean el paseo marítimo. Los lugareños tienen sus favoritos, pero no difieren mucho de un lugar a otro. Los complementos pueden variar, pero normalmente incluyen salsas, cebolla y patatas fritas. Se puede completar la experiencia con un helado de **Gelados do Tomé.**

Probar el 'cozido das Furnas'
COMIDA LOCAL

PLANO: **11** P. 38 **F4**

No hay lugar en Portugal que no tenga su propia versión del *cozido,* un cocido con diferentes cortes de carne, *enchidos* (embutidos), patatas y/o verduras de temporada. El *cozido das Furnas* es exclusivo de São Miguel y de la localidad de Furnas. A los ingredientes mencionados, se añaden batatas y taro (un tubérculo de color marrón claro común en las islas y que se suele utilizar como sustituto de las patatas). A continuación, la olla, bien cerrada, se introduce en uno de los agujeros cerca de la **Lagoa das Furnas** (la mayoría está reservada para los restaurantes, pero hay algunos para quienes quieran hacer su propio *cozido*), donde se cocina durante al menos 6 h, gracias al calor del suelo volcánico. Es poco probable encontrar una versión vegetariana de este plato a menos que la prepare uno mismo. Algunos restaurantes anuncian una versión vegetariana en su menú, pero normalmente significa únicamente que quitan la carne antes de servirlo.

Beber 'água azeda' FUENTE
PLANO: **12** P. 38 **G1**

A menos de 100 m del parque de las pequeñas *caldeiras* de Furnas, detrás de la tienda de recuerdos, hay dos fuentes públicas donde se puede probar el *água azeda* ("agua amarga"). Es potable, y algunos afirman que tiene propiedades medicinales (todos tienen una teoría sobre para qué es mejor, desde la resaca hasta la caspa), pero su sabor es peculiar, así que antes de llenar la botella hay que probarla, por mucho que digan los lugareños. La de la izquierda tiene un regusto más metálico y amargo porque tiene una mayor concentra-

ción de hierro. El **'água da prata',** de la fuente de la derecha, es cálida y ligeramente carbonatada.

Visitar el primer faro de las Azores FARO
PLANO: **13** P. 38 **H4**

En funcionamiento desde 1876, el **Farol do Arnel** es el faro más antiguo de las Azores y uno de los edificios más fotogénicos de São Miguel por su torre octogonal y sus vistas al mar. Aunque para llegar hay que bajar una cuesta empinada, lo mejor es ir a pie (y afrontar la subida después de la visita). La alternativa menos atractiva (pero también menos cansada) es verlo desde arriba en el **Miradouro da Ponta do Arnel** (PLANO: **14** P. 38 **H4**).

Hacer la ruta de Padrão das Alminhas SENDERISMO
PLANO: **15** P. 38 **G3**

En cuanto a la belleza natural, no hay ningún sendero feo en São Miguel. Pero, si solo hay tiempo para uno, debe ser el de **Padrão das Alminhas,** en Nordeste, que conecta Achadinha con Salga. Es

🌊 LA DÉCIMA ISLA

Hasta hace poco, llegar a la ciudad de Nordeste, en la costa noreste de São Miguel, era un viaje complicado por carreteras estrechas y sinuosas, con subidas y bajadas. Todo un desafío incluso para conductores experimentados. La lejanía de esta ciudad y su difícil acceso hicieron que los lugareños la apodaran "la décima isla". Llegar a ella es más fácil (y rápido) hoy día, pero sigue necesitándose en torno a 1 h desde Ponta Delgada, y sigue dando la sensación de que está en otro mundo.

una ruta lineal, así que hay que contratar un taxi para el regreso. No hace falta mucha experiencia en senderismo, pero tiene algunas pequeñas subidas entre paisajes impresionantes hasta llegar al más espectacular: la **Cascata do Salto da Farinha,** uno de los lugares más fotografiados de Nordeste.

Observar el poder de la fe
CELEBRACIÓN CATÓLICA

(PLANO: **16** P. 40 **A6**) Todos los caminos religiosos llevan a São Miguel en mayo para honrar al Santo Cristo dos Milagres. En la celebración católica más importante de la isla, se puede observar cómo la gente demuestra su fe y gratitud a una pequeña imagen del Ecce Homo. Es toda una experiencia sociológica, muy recomendable aunque no se sea creyente. La historia de cómo apareció el busto de madera está envuelta en la leyenda: la versión corta es que llegó a la orilla después de que un barco fuera atacado y hundido por unos piratas;

los lugareños lo vieron como una señal divina. Su devoción aumentó cuando la estatua presuntamente detuvo un terremoto en el s. XVIII. Cada año, los devotos donan dinero, oro y joyas para adornar la estatua y pedir favores. Otros recurren a sacrificios físicos, caminando descalzos o de rodillas por **Campo de São Francisco** frente al Santuário do Senhor Santo Cristo dos Milagres (p. 30). Al margen de la devoción religiosa, la plaza se convierte en un lugar de diversión familiar por la noche, con puestos de comida, atracciones de feria y música.

Visitar el islote más famoso de la isla
EXCURSIÓN DE UN DÍA

PLANO: **17** P. 38 **E5**
En verano, las multitudes acuden a Vila Franca do Campo para disfrutar de su más famoso destino de playa: **Ilhéu de Vila Franca.** Este pequeño islote frente a la costa, a 30 min en coche de Ponta Delgada, se llena de visitantes cuando el

 TRADICIONES RELIGIOSAS

Los rituales de penitencia basados en el temor de Dios están muy extendidos en las Azores; la mayoría data de los primeros tiempos, cuando todos los fenómenos naturales se explicaban mediante la intervención divina. Uno de ellos tiene lugar en São Miguel durante una semana en la Cuaresma. Grupos de peregrinos *(romeiros)* caminan de iglesia en iglesia por toda la isla, desde el amanecer hasta el anochecer, llueva o haga sol, en recogimiento y oración silenciosos. Todos visten un atuendo tradicional: un chal, una bufanda, un rosario, una bolsa para la comida y un bastón. Para muchos niños es un rito de paso. Recientemente, grupos de mujeres han adoptado rutas de peregrinación similares, ya que no se les permite unirse a los grupos masculinos.

tiempo es bueno para nadar: los ferris funcionan de junio a octubre y el aforo en el islote está limitado a 400 personas por día. Quien pierda el barco o quiera evitar una travesía turbulenta (las aguas pueden estar agitadas incluso en verano) puede ir a Queijadas do Morgado (p. 57), junto al puerto, para comprar unos pasteles suaves y cremosos cubiertos de azúcar, conocidos como *queijadas da vila,* y caminar 1,3 km hasta el parque de Lazer Porto Largo, desde donde podrá ver la pequeña isla.

Nadar en el mar   BAÑO

A menos que llueva y haga viento o se desate una tormenta, cualquier momento es bueno para ir a la playa, aunque solo sea para tomar el sol y pasear por tramos de arena negra. La regla de oro, especialmente fuera de temporada, cuando la mayoría de las playas no está vigilada, es respetar el océano y, en caso de duda, preguntar a un lugareño si es seguro bañarse. Praia dos Mosteiros, Praia das Milícias y **Praia do Pópulo** (PLANO: 18 P. 38 C5) son algunas de las más frecuentadas en verano por la gente del lugar. Para aquellos que prefieran evitar la arena o busquen un chapuzón rápido para despedirse o dar la bienvenida a la isla, siempre está **Piscinas do Pesqueiro** (PLANO: 19 P. 40 H4), cerca del puerto deportivo de Ponta Delgada, una piscina natural con socorristas todo el año.

LAS MEJORES PLAYAS PARA NIÑOS

En São Miguel hay varias playas y piscinas naturales aptas para niños.

Piscinas de São Pedro
PLANO: 20 P. 40 **H4**

Las piscinas artificiales de agua salada más populares de Ponta Delgada están junto al mar. Abren en verano y disponen de una infantil. Las tarifas parten de 1 € para menores de cuatro años.

Praia das Milícias
PLANO: 21 P. 38 C5

Cerca de la carretera, pero no tanto como para ser ruidosa, está a solo 5 km en coche de Ponta Delgada y tiene buenas instalaciones, incluso para bañistas con movilidad reducida.

Praia dos Mosteiros
PLANO: 22 P. 38 A3

Ideal para familias y de fácil acceso. Las vistas y la puesta de sol son un plus.

Visitar la segunda ciudad de la isla   RECORRIDO URBANO

Si sobra un día, se puede visitar la ciudad de Ribeira Grande, en la costa norte. Entre sus principales atractivos figuran el **Miradouro do Palheiro** (PLANO: 23 P. 38 C1), con vistas a la **Praia do Monte Verde** (PLANO: 24 P. 38 C2), y el **Ponte** dos **Oito Arcos** (PLANO: **25** P. 38 **C2**), el monumento más famoso de la ciudad. El **Museu da Emigração Açoreana** (PLANO: **26** P. 38 **C2**), en el antiguo mercado de pescado, rinde homenaje a las generaciones de vecinos que abandonaron las islas en busca de mejores oportunidades, principalmente en América del Norte. La colección permanente es una mezcla de donaciones de emigrantes y lugareños; las piezas históricas más interesantes son las fotografías que capturan el dolor de los que se fueron y de los que se quedaron.

Disfrutar de un 'spa' natural en Ponta da Ferraria   SPA

Pasar un tiempo en **Ponta da Ferraria** (PLANO: **27** P. 38 **A3**) es una experiencia única en São Miguel. Se puede nadar en aguas oceánicas calentadas por la actividad volcánica submarina. Este fenómeno natural mantiene el agua a una temperatura cálida todo el año, pero hay que tener en cuenta los horarios de marea baja (la temperatura del agua puede aumentar en ese momento) y las corrientes, ya que el océano puede ser impredecible: hay cuerdas en las rocas a las que los bañistas pueden agarrarse. Para una experiencia más relajada está **Termas da Ferraria** (PLANO: **28** P. 38 **A3**); hay que reservar con antelación los tratamientos.

Subir a un campanario   MIRADOR

PLANO: **29** P. 40 **B5**

De lunes a viernes, de 9.00 a 17.30, se pueden subir los 106 escalones del campanario de la **Câmara Municipal** (ayuntamiento) de Ponta Delgada para disfrutar gratis de la mejor vista de la ciudad. Las escaleras de piedra son altas y empinadas, y las paredes son estrechas, así que hay que subir y bajar con calma. El tramo final es una escalera de caracol en la que apenas cabe una persona, pero la vista lo compensa. Las campanas están desactivadas y no suenan durante la visita.

Ver ballenas   AVISTAMIENTO DE BALLENAS

Observar **ballenas** en su hábitat natural es la experiencia más auténtica e indescriptible de las Azores. No es raro que los visitantes enmudezcan al ver estos animales. En São Miguel, se puede hacer una excursión de avistamiento de ballenas durante todo el año (sujeto a las condiciones meteorológicas, por supuesto) y tener casi la certeza de ver un cetáceo en aguas abiertas, ya sea una manada de ballenas o un grupo de delfines. Hay muchas empresas que ofrecen este servicio y todas deben cumplir con las prácticas y pautas de bienestar animal: grupos reducidos, al menos un guía certificado a bordo (normalmente un biólogo marino)

'Rabo de Peixe' es la segunda producción portuguesa de Netflix, filmada en el pueblo homónimo. Se basa en la historia real de un naufragio en la costa norte de la isla en el 2001, cuando 500 kg de cocaína pura llegaron a la orilla, una fuente de dinero fácil para los habitantes empobrecidos de este pueblo pesquero, pero también de adicciones. Algunos de los sucesos narrados oscilan entre la leyenda urbana y la verdad, pero la serie, dirigida por Augusto Fraga, nacido en São Miguel, logra capturar la realidad de aquellos días con un toque de humor negro.

---

y máximo respeto por los animales, manteniendo una distancia de seguridad entre ellos y el barco.

Visitar un pueblo pesquero popular
ESCENARIO DE PELÍCULA

PLANO: **30** P. 38 **D4**

Rabo de Peixe es ahora mundialmente famoso por ser el lugar donde se filmó la serie homónima de Netflix, pero no siempre fue así, al menos no por buenas razones. Este pequeño pueblo pesquero en la costa norte es un espejo de las desigualdades sociales, las dificultades económicas y el bajo nivel educativo de la isla. Las calles estrechas, las casas de colores y el puerto son perfectos para Instagram, pero también hay que tomarse el tiempo para apreciar el entorno. Los lugareños tienden a desconfiar de los forasteros (más aún después de la notoriedad que

le ha otorgado la televisión: la serie no gustó a todos), así que hay que respetar su privacidad.

Comprar cerámica local
COMPRAS

PLANO: **31** P. 38 **D5**

Cerâmica Vieira, una empresa familiar de Lagoa, lleva en activo desde finales del s. XIX y su método de producción nunca ha cambiado. Las piezas artesanales son conocidas por sus patrones decorativos sencillos, principalmente azul (su color característico) sobre blanco. Es muy probable que los paneles de azulejos con los nombres de las calles que se ven en la isla se hayan fabricado aquí. Se puede disfrutar de una visita guiada gratuita (cuando los empleados estén disponibles para responder preguntas) y hay que aprovechar la oportunidad de comprar vajilla típica, conocida localmente como *louça da Lagoa*.

Lo mejor para...

€ Económico €€ Medio €€€ Alto

Localizaciones en el plano de la **p. 38** y 40

Comer

Restaurantes junto a la playa

Oceanside Pizzaria €€
32 P. 38 C5

Esta pizzería familiar es un clásico para comer cerca de la Praia do Pópulo, en temporada o no, y uno de los restaurantes sencillos más populares de Ponta Delgada. *11.00-22.00 mi-lu*

Restaurante Ponta do Garajau €€
33 P. 38 G5

Restaurante de temporada con vistas en Ribeira Quente, cerca de la Praia do Fogo. Sirve principalmente platos de marisco en un ambiente informal. *12.00-16.00 y 19.00-22.00 abr-oct*

Marisco

Bar da Caloura €€
34 P. 38 E5

El lugar al que ir para disfrutar del mejor pescado y marisco de la isla, con un ambiente relajado y vistas al mar. *12.00-21.00*

BocAberta Cervejaria & Marisqueira €€€
35 P. 38 D5

Restaurante de pescado fresco junto al mar en la localidad de Lagoa. Se puede elegir el pescado del día o pedir consejo. Hay menú infantil y un par de opciones vegetarianas. Se aconseja reservar. *12.00-22.00 mi-lu*

Local y contemporánea

Tasquinha Vieira €€€
36 P. 40 D3

El restaurante del chef Joel Vieira, lugar de moda para los gastrónomos en Ponta Delgada, cambia su menú cada mes, dando prioridad a los ingredientes frescos y locales tanto como sea posible. Mejor reservar. *18.30-23.00 ma-sa*

Mercado da Vila €€
37 P. 38 E5

Tres chefs y un chocolatero en el antiguo mercado de Vila Franco do Campo. Se puede elegir entre comida italiana, azoriana o asiática. Y, por supuesto, postre. *12.00-23.00 mi-lu*

'Cozido das Furnas'

Restaurante Tony's €€
38 P. 38 F1

Local clásico para comer *cozido*. Hay algunos platos vegetarianos en el menú. *12.00-15.30 y 18.00-21.00*

Banhos Férreos €€
39 P. 38 F2

Uno de los mejores restaurantes de *cozido*, en el centro de Furnas. Otras especialidades incluyen carnes y pescados a la parrilla. *12.00-16.00 y 18.00-22.00*

O Miroma €€
40 P. 38 G1

Los lugareños lo recomiendan como uno de los mejores restaurantes de *cozido*. No hay muchas más opciones en el menú. *12.00-21.30 ju-ma*

Cocina tradicional

Associação Agrícola de São Miguel €€
41 P. 38 D4

El mejor lugar de la isla para comer carne. El *bife à associação* es la estrella. Hay una opción vegetariana. *12.00-22.00*

Cervejaria Portas da Cidade 🄲🄲

42 P. 40 C4

En el centro de Ponta Delgada, este restaurante tradicional ofrece platos del día dignos de una abuela de las Azores. *7.00-22.00*

Lagoa Azul 🄲🄲

43 P. 38 A3

Bufé libre de cocina tradicional de las Azores en Sete Cidades. Se aconseja reservar. *12.00-15.00 y 19.00-21.00*

Restaurante Alcides 🄲🄲

44 P. 40 B3

Este restaurante de una pensión, un clásico en el corazón de Ponta Delgada, está abierto a no huéspedes y se especializa en platos típicos. *12.00-15.00 y 19.00-22.00 lu-sa*

Hamburguesas y bocadillos

Bicas Pub 🄲

45 P. 38 F2

Un gran lugar en Furnas si no agrada el *cozido*. Hamburguesas de buena calidad a precios asequibles. *10.00-22.00 vi-mi*

Azores Forever Diner 🄲

46 P. 40 B4

Este restaurante, al estilo de la década de 1950 y apto para LGTBIQ, está

en Ponta Delgada y sirve hamburguesas, bocadillos y desayunos y almuerzos asequibles. *8.00-18.00 ma-vi, 9.00-17.00 sa*

Supléxio 🄲

47 P. 40 B2

Hamburguesas artesanales con muchas opciones vegetarianas en Ponta Delgada. *12.00-15.00 y 19.00-22.00 ma-sa*

3/4 Café 🄲

48 P. 40 B1

Restaurante informal de Ponta Delgada con ambiente de bar; hamburguesas y bocadillos con opciones para veganos y vegetarianos. *18.00-24.00*

Restaurantes informales

Louvre Michaelense 🄲🄲

49 P. 40 B4

Un menú cuidado de *petiscos* (tapas), vinos y cócteles a precios asequibles en Ponta Delgada. Famoso por su pastel de chocolate y su limonada de maracuyá. *11.00-24.00*

O Tasca 🄲🄲

50 P. 40 C3

Restaurante popular en el centro de Ponta Delgada que sirve comida típica de las Azores. Hay que preguntar por el pescado del día, que se sirve a

la parrilla con patatas asadas. *11.30-24.00 lu-sa*

Nonnas 🄲🄲

51 P. 40 B2

Esta tranquila pizzería en el centro de Ponta Delgada ofrece un menú de temporada y sirve *pizza* napolitana con un toque local. *12.00-15.00 y 18.00-23.00 do-ju, hasta las 24.00 vi-sa*

Vegano y vegetariano

Rotas da Ilha Verde 🄲🄲

52 P. 40 B2

Uno de los primeros restaurantes 100 % veganos y vegetarianos de Ponta Delgada. Sirve un almuerzo especial que incluye sopa, plato principal y té. *12.00-15.00 ma-ju, 12.00-15.00 y 18.00-24.00 vi-sa*

Santo Seitan 🄲🄲

53 P. 40 B3

Una incorporación reciente a la oferta vegana y vegetariana de São Miguel, con versiones vegetales de platos tradicionales portugueses, como bistec con salsa de café y *francesinha* (bocadillo de carne). *12.00-15.00 ma-sa y 18.30-22.00 lu*

Cafetaria By the Book 🄲

54 P. 40 A1

La cafetería de la biblioteca pública de

Ponta Delgada sirve platos veganos y vegetarianos para el desayuno y el almuerzo. También hay opciones no vegetarianas. *9.00-19.00 lu-vi*

La Gelateria
55 **P. 40 A2**
Esta heladería familiar de Ponta Delgada elabora helados al estilo italiano con ingredientes de las Azores. Hay muchas opciones veganas y vegetarianas. *12.00-22.00 mi-vi, 14.00-23.00 sa, 12.00-21.00 do*

Cafés y pastelerías

Casa de Chá O Poejo
56 **P. 38 A3**
Este salón de té en Sete Cidades sirve ensaladas y bocadillos (con opciones veganas y vegetarianas), preferiblemente combinados con té local Gorreana. *10.00-19.00*

Padaria Glória Moniz
57 **P. 38 G1**
Cafetería acogedora, oculta en una calle lateral de Furnas. Perfecta para tomar pasteles recién horneados y un fuerte expreso. *7.30-16.30 ma-sa*

Game On
58 **P. 40 E2**
Perfecto para niños y familias, este café en Ponta Delgada sirve bocadillos y tentempiés

a precios asequibles. Se pueden alquilar juegos de mesa y videojuegos. *16.00-22.00 do-ju, 16.00-24.00 vi-sa*

Padaria Snack Bar Lisbonense €
59 **P. 40 A4**
Panadería en Ponta Delgada con bocadillos y pasteles recién hechos. Menús baratos de sopa y *prato do dia*. *7.00-18.00 lu-vi, 7.00-13.00 sa*

Beber

Bares y clubes nocturnos

Cantinho dos Anjos
60 **P. 40 B3**
Un clásico de la noche de Ponta Delgada, el bar está lleno de recuerdos de los clientes. Ideal para tomar el pulso a la ciudad. *9.00-2.00 ma-vi, 13.00-2.00 sa*

Tã Gente
61 **P. 40 C3**
Tapas y vino (o ginebra) en el centro de Ponta Delgada en un local popular para salir a cenar o para comer tarde. *18.30-24.00 do-ju, 18.30-2.00 vi-sa*

Résvés Street Bar
62 **P. 40 B3**
Esta coctelería sofisticada de Ponta Delgada fue inaugurada por una pareja de las Azores que vivía en Londres. *18.00-1.00 mi-ju, 18.00-2.00 ma-vi, 18.00-24.00 do*

Música en directo y baile

Lava Jazz
63 **P. 40 A5**
Bar de *blues* y *jazz* en el Coliseu Micaelense de Ponta Delgada, con una programación mensual muy animada. *20.30-24.00*

Raiz
64 **P. 40 C4**
Local de moda en Ponta Delgada y uno de los pocos bares abiertos hasta la madrugada con música en vivo y sesiones de DJ. Abre dos días a la semana y suele estar lleno. *24.00-5.00 vi-sa*

Espaço Cagarra
65 **P. 40 E2**
Bar y centro cultural informal y acogedor con música en vivo, proyecciones de películas y eventos cerca del mercado de Ponta Delgada. *18.00-23.00 mi-ju, 18.00-24.00 vi-sa*

Comprar

Artistas locales

Traça Studio Gallery
66 P. 40 B2

Grabados hechos a mano de la vida en las Azores en este pequeño estudio de Ponta Delgada, impregnados del particular sentido del humor del propietario. Ideales como recuerdos originales. *10.00-18.00 lu-sa*

Matéria 47
67 P. 40 F1

Tienda de Ponta Delgada gestionada por mujeres que vende cerámica hecha a mano. Organiza talleres. *10.00-13.00 y 14.00-18.00 ma-ju y sa, 14.00-18.00 vi*

Studio AVE
68 P. 40 B1

En este estudio de arte, una madre y una hija croatas crean y venden arte inspirado en las Azores utilizando materiales locales. *10.00-19.00 lu-sa*

Ponto de Arte Atelier
69 P. 40 A2

El taller del pintor local Martim Cymbron organiza talleres de arte para niños y adultos. También pueden comprarse algunas de sus pinturas. *12.00-17.00 lu-vi, 10.00-12.30 sa*

Artesanía

Sweetheartes
70 P. 40 B2

Esta tienda en el corazón de Ponta Delgada está especializada en arte y recuerdos hechos a mano por artesanos de las Azores. *9.00-18.30 lu-vi, 9.00-13.00 sa*

Azores in a Box
71 P. 40 G5

Tienda oficial de artesanía de las Azores en el puerto deportivo de Ponta Delgada, con piezas tradicionales y reinventadas hechas a mano de diferentes islas. *10.00-18.00 lu-vi*

Librerías

Letras Lavadas
72 P. 40 C3

Esta librería independiente en el centro de Ponta Delgada publica numerosos autores contemporáneos de las Azores y organiza eventos literarios. *9.30-18.30 lu-vi, 9.30-17.00 sa*

Productos 'gourmet'

Mercado da Graça
73 P. 40 E2

El mercado de Ponta Delgada es el mejor lugar para comprar fruta (piña y maracuyá), té, mermeladas y *pimenta da terra*. *7.00-14.00 sa, 7.00-18.00 lu-ju, 7.00-19.00 vi*

Queijaria Furnense
74 P. 38 F2

Aunque vende otros productos, el queso artesanal de Furna es la estrella. *9.00-21.00*

Queijadas do Morgado
75 P. 38 E5

Las *queijadas* más populares de São Miguel, ideal para ver el proceso de horneado. *9.00-18.00 lu-vi, 9.00-19.00 sa-do*

Rei dos Queijos
76 P. 40 E2

Al lado del Mercado Da Graça, en Ponta Delgada, esta tienda alberga los mejores productos de las Azores. *8.00-18.30 lu-ju, 7.00-19.00 vi, 7.00-14.00 sa*

Moda y accesorios

Pele e Osso
77 P. 40 B2

Accesorios de piel hechos a mano, desde bolsos a carteras y zapatos, pasando por sandalias rústicas. *14.00-19.00 lu-vi*

SV Azores
78 P. 40 B2

Joyas hechas a mano en plata y baño de oro con imperfecciones que las hacen perfectas en Ponta Delgada. *9.30-12.00 lu-vi, 10.30-13.00 sa*

Sugerencias de lugares para comer, beber y comprar en **p. 75**

Explora
Terceira

El 1 de enero de 1980, un gran terremoto azotó la isla de Terceira, que superó la tragedia sin sufrir grandes daños, como demuestra el rico patrimonio que se puede ver en la isla, desde iglesias y fortalezas medievales hasta los coloridos *impérios* que salpican cada pueblo. La reconstrucción fue rápida, pero se logró preservar la identidad de la isla. Terceira, centro cultural del archipiélago, es conocida cariñosamente por otros isleños como el "parque de atracciones": no hay un solo mes sin una celebración, festival o evento cultural. Antiguamente situada en la ruta del comercio de especies (y escala obligada para los barcos que navegaban por el Atlántico), la ciudad más grande de Terceira, Angra do Heroísmo, fue dos veces capital (una de ellas, del país) y es el primer lugar de Portugal declarado Patrimonio Mundial por la Unesco.

Cómo desplazarse

 Coche de alquiler
La opción más popular y sencilla para hacer turismo. Puede ser difícil aparcar en temporada alta cerca de los principales lugares de interés y las playas.

 Taxi
Una buena opción para quienes no conducen. Los taxis no tienen taxímetro y cobran una tarifa fija por los recorridos por la isla o por destinos específicos.

Bicicleta compartida
Disponible solo en Angra do Heroísmo, es una forma barata de moverse por la ciudad. No hay carriles bici, pero el tráfico es escaso.

Algar do Carvao (p. 68).
ROBERTHARDING/ALAMY STOCK PHOTO ©

LO MEJOR

Visitar el interior de un volcán dormido en **ALGAR DO CARVÃO** (p. 68).

—————

Caminar por el centro histórico de **ANGRA DO HEROÍSMO** (p. 60).

—————

Descubrir las vistas y la historia militar de **MONTE BRASIL** (p. 66).

—————

Ver el paisaje más famoso de la isla desde el **MIRADOURO DA SERRA DO CUME** (p. 68).

CIRCUITO A PIE

El centro de Angra do Heroísmo

A pesar del gran terremoto de 1980, el centro histórico de Angra do Heroísmo no muestra señales de la catástrofe que desplazó a miles de personas. Tres años después, se convirtió en el primer sitio Patrimonio Mundial de la Unesco en Portugal. Esta ruta permite pasear por estrechas calles adoquinadas entre coloridos edificios.

INICIO	FINAL	DURACIÓN
Alto da Memória	Pátio da Alfândega	1 km; 1 h

1 Vistas de la ciudad

Se parte de **Alto da Memória** (construido en 1856), con vistas de 360º de Angra do Heroísmo. Si el tiempo lo permite y antes de que lleguen las multitudes (normalmente, a partir de las 9.00), se puede pasar un rato admirando la ciudad.

2 Jardín encantado

Bajando desde el mirador por las escaleras de piedra del **Jardim Duque da Terceira** se aprecia la diversidad de plantas tropicales y exóticas presentes en la zona, herencia de la época en que los barcos que comerciaban con Asia y África paraban en Angra. Otros detalles arquitectónicos invitan a admirar el palco de música o el rincón ligeramente oculto por un enrejado rosa.

3 Plaza pintoresca

Saliendo del jardín por la entrada principal y girando a la izquierda por Rua Direita hacia el ayuntamiento y **Praça Velha** se aprecia el patrón en blanco y negro de la adoquinada *calçada portuguesa* de la década de 1930, diseñada por el artista local Maduro Dias y primera obra modernista del archipiélago.

4 Catedral de Angra

Dejando atrás la plaza, hay que caminar por Rua da Sé, que lleva directamente a la **Sé Catedral de Angra.** Esta catedral del s. XVI se diferencia de las construcciones del resto de Portugal por su fachada austera y sus adornos de colores pastel.

5 Playa urbana

Desde la catedral, hay que caminar por Rua do Salinas hasta la playa, conocida como **Prainha.** En verano, si sobra tiempo, hay que unirse a los lugareños para darse un chapuzón. Otra opción es dejar la playa a la derecha, seguir la calle y tomar la primera a la izquierda (Rua da Palha) o la segunda (Rua de São João), las calles del centro histórico con más cafés y restaurantes.

6 Puerta de la ciudad vieja

Para acabar, se regresa a la orilla del mar y se gira a la izquierda hacia el **Pátio da Alfândega.** En los siglos XVI y XVII, los comerciantes se situaban junto a la muralla para vigilar el comercio en el muelle. Más tarde, se añadieron la escalera y los arcos, lo que lo convirtió en la puerta oficial de entrada a la ciudad. No hay que perderse la estatua de Vasco da Gama y la colorida Igreja da Misericórdia al otro lado de la calle.

A
B
C
D
E
F
1
2
3
4
0
5 km
Pomar Perdido
Piscinas Naturais dos Biscoitos
Achadas
Raminho
Biscoitos
Caneta
Museu do Vinho dos Biscoitos
Piscinas Naturais das Quatro Ribeiras
Estrada Regional
Vila Nova
Zona Balnear Escaleiras
Miradouro do Raminho
Miradouro da Mata da Serreta
Mata da Serreta
Reserva Florestal de Recreio da Mata da Serreta
Estrada do Rego
Serra Das Quatro Ribeiras/Biscoitos
Agualva
Estrada Regional
Cabouco dos Ventos
Aeroporto Internacional das Lajes
Ilhéu do Norte
São Brás
Lajes
Base Aérea Nº 4
Quatro Canadas
Via Rápida
R. Vitorino Nemesio
Cemitério de Serreta
Serreta
Lagoinha
Lagoa do Cerro
Ilha Terceira
Chã das Lagoinhas
Lagoa Negra
Serra de Santa Bárbara
Lagoa do Negro
Furnas do Enxofre
Miradouro do Facho
Véase "Praia da Victória"
Praia da Vitória (Santa Cruz)
Reserva Florestal de Recreio da Lagoa das Patas
Pico Gaspar
Monumento Natural do Algar do Carvão
Via Rápida
Doze Ribeiras
Lagoa das Patas
Algar do Carvão
Pico do Funil
Miradouro da Serra do Cume
Praia dos Oficiais
Praia da Riviera
Caminho dos Biscoitos
Via Rápida - Via Vitorino Nemesio
Lagoa do Junco
Cabo da Praia
Santa Bárbara
Reserva Florestal del Recreio do Viveiro da Falca
Fonte do Bastardo
Cemitério do Cabo da Praia
Cinco Ribeiras
Queijo Vaquinha
São Bartolome de Regatos
Lagoa do Ginjal
Cemitério de Fonte Bastardo
Porto Martins
Piscinas Oceânicas de Porto Martins
Cemitério da Terra Chã
Núcleo de História Militar - Manuel Coelho Baptista de Lima
Angra Jazz
Via Rápida
Paquinho da Serra
Parque da Serra da Ribeirinha
Zona Balnear do Porto das Cinco
Museu de Angra do Heroísmo
Vila de São Sebastião
Igreja de São Sebastião
Véase "Angra do Heroísmo"
Feteira
Océano Atlántico Norte
Cemitério dos Judeus
Lidador
Fajã do Ficher
Porto Judeu
Bahía de Mina
Parque Municipal do Relvão
Miradouro do Pico das Cruzinhas
Monte Brasil
Cemitério das Âncoras
Ilhéus das Cabras
Miradouro da Cruz do Canário
Bahía de Caninhas
Miradouro

Praia da Vitória

Parque do Paúl — Patinódromo — 53

Igreja do Senhor Santo Cristo — 17

R. de Conde de Vila Flor
R. do Doutor Francisco A. Rodrigues Silva
R. do Comendador José de Carvalho
R. de Padre Cruz
R. do Hospital — 45
Avenida Álvaro Rodrigues de Silva

Praia da Vitória
Praia Grande — 19

Puerto de Praia da Vitória

Casa de Vitorino Nemésio — 20
Festas da Praia — 14 — 16
Praça Francisco Ornelas da Câmara — 15
Igreja Matriz da Praia — 34

R. do Conselheiro Nicolau Anastácio
R. da Graça
R. de Jesús
Travessa da Formosa
R. da Matriz
R. do Cruzeiro

200 m
0

Más información

Imprescindible ⭐ p. 64
Experiencias ✖ p. 68
Comer 🍴 p. 75
Beber 🍺 p. 77
Comprar 🛍 p. 77

Angra do Heroísmo

Ilha Terceira

Jardim Duque da Terceira
Ladeira de São Francisco
Sanjoaninas — 21 — 35

R. Direita — 55
R. do Marquês — 41
Largo Prior do Crato — 32

R. de São João — 38 — 47 — 39 — 51 — 50 — 44
43

Estrada Gaspar Corte Real
Zona Balnear da Prainha — 50
Bahía de Angra do Heroísmo
48

R. do Palácio — R. da Palha

R. da Esperança — 46
R. da Sé — 40
R. do Salinas
R. da Rosa
R. da Rocha
R. de Bragança
R. Carreira dos Cavalos
R. de Jesús
R. da Oliveira
R. do Rego
R. Duque da Bragança
R. do Barcelos — 31 — 57
R. dos Canos Verdes
R. dos Artistas
R. Recreio dos Artistas — 37

100 m
0

★ IMPRESCINDIBLE

Museu de Angra do Heroísmo

Antes de recorrer la isla, hay que hacer una primera parada en el Museo de Angra do Heroísmo. Las exposiciones permanentes ofrecen una visión extraordinaria de la historia de Terceira y su papel en los conflictos nacionales e internacionales más importantes que moldearon la cultura local.

PLANO: P. 62 **C4**

CONSEJO
Para verlo todo, hay que dedicarle 1½ h. Si no se dispone de tiempo, puede saltarse la iglesia y las exposiciones temporales e ir directamente a la primera planta.

Escanea este código QR para más información sobre los horarios de apertura y las próximas exposiciones.

Iglesia y sacristía

A la derecha de la taquilla, nada más entrar en el museo, hay una exposición de piedras talladas (en su mayoría lápidas) donde se halla la que se cree que es la piedra conmemorativa más antigua de las Azores, que data del s. XV. Tras la exposición, hay que ver la iglesia y la sacristía del s. XVII. En general, el diseño es sencillo y austero, lo que resalta aún más la intrincada mampostería y los frescos que atraen la mirada hacia el techo, las tallas de madera dorada, los azulejos decorativos azules y blancos y el enorme órgano de tubos, el primero de las Azores. De camino a la sacristía (donde destaca el techo azul brillante y dorado, el crucifijo de marfil y cuatro vitrinas con reliquias sagradas), está la lápida del explorador Paulo da Gama (que murió en la isla durante una escala) y una colección de pinturas; hay que fijarse en la que representa la celebración tradicional del Espíritu Santo (p. 73).

Primera planta

Este es el corazón del museo, con explicaciones sobre los principales eventos históricos de las islas, en áreas codificadas por colores. Resulta complicado entender cómo moverse por la colección, pero la

HEMIS/ALAMY STOCK PHOTO ©

regla es ver y leer cada panel dentro de un bloque de color (o saltar a los temas que más interesen): el verde cubre el momento en que se descubrieron las islas, el amarillo se refiere específicamente a Angra y su papel en el comercio de especias, y el azul y el rojo se relacionan con los períodos más recientes (ss. XVIII-XX).

Planta baja

En los comedores del antiguo convento hay una exposición de vehículos de tracción animal de alta gama de los ss. XVIII y XIX (más comunes en esta isla que en las otras), así como un Ford modelo T de 1920 algo fuera de lugar, pero igualmente interesante.

★ **IMPRESCINDIBLE**

Monte Brasil

Mitad parque urbano, mitad museo militar al aire libre, Monte Brasil es el pulmón de Angra do Heroísmo. Es una de las visitas obligadas de la isla: ideal para hacer pícnics en verano, senderismo o, simplemente, para disfrutar de las vistas de la ciudad.

PLANO: P. 62 **C4**

CONSEJO
La visita a Monte Brasil suele durar medio día, con paradas para disfrutar de las vistas. Es preferible ir por la mañana, especialmente en temporada alta.

Escanea este código QR para más información sobre Monte Brasil.

Núcleo de História Militar

Unos 300 m antes de entrar en Monte Brasil hay un pequeño museo dedicado a la historia militar de la ciudad y su papel en conflictos nacionales e internacionales. Angra do Heroísmo, dos veces capital (del distrito de las Azores en 1766 y del reino portugués en 1830), fue durante siglos un importante enclave comercial y militar gracias a su ubicación estratégica. Se puede visitar el Núcleo de Historia Militar en menos de 1 h para comprender la importancia de Monte Brasil como bastión defensivo (o, más exactamente, una serie de estructuras que lo convirtieron en una fortaleza amurallada).

Parque Municipal do Relvão

Relvão, un parque antes del parque, cerca de la antigua fortaleza de São João Baptista, es una parada ideal para familias con niños, que se divertirán en el parque infantil. También es el primer punto de Monte Brasil para contemplar Angra do Heroísmo, con el Ilhéus das Cabras (p. 73) frente a la costa.

Miradouro do Alto da Caldeira

Tanto si se sube en coche como si se hace a pie, el Miradouro do Alto da Caldeira es el primer mirador de la ruta, desde donde se ven los tres volcanes que forman el Monte Brasil. Hay muchos bancos a la sombra para descansar antes del tramo final.

KETY.V/SHUTTERSTOCK ©

Más arriba, a 450 m del *miradouro,* se puede hacer una pausa más larga en la zona de pícnic (las barbacoas solo están disponibles en verano). Suele haber gatos amistosos deambulando por la zona.

Miradouro do Pico das Cruzinhas
El Miradouro do Pico das Cruzinhas es la última parada que se hace en Monte Brasil, con vistas de 360º de Angra do Heroísmo y los tres volcanes principales de Terceira. Hay binoculares gratuitos para ver más de cerca el centro histórico de la ciudad y tratar de localizar los monumentos representados en el panel de azulejos azules y blancos. Antes de bajar por la misma carretera hay que visitar la estatua de Dom Afonso VI, rey portugués exiliado en Monte Brasil durante cinco años.

EXPERIENCIAS

Entrar en el volcán Algar do Carvão
VOLCÁN

PLANO: **1** P. 62 **C2**

Los guías aseguran que es una experiencia única en el mundo la oportunidad de descender al corazón de un volcán, intacto e inactivo. Ya sea orgullo o realidad (Terceira no es el único lugar de las Azores donde se puede hacer, pero sí que es el volcán más grande), **Algar do Carvão** es una de las principales atracciones naturales de la isla. Se baja por unas escaleras con un total de 338 peldaños (cuidado, el interior de la cueva siempre está húmedo y, a veces, resbaladizo). Antes de bajar, hay que recordar que luego habrá que subir esos mismos peldaños de hormigón. Sin embargo, estar en el corazón de un volcán de 2000 años de antigüedad es un gran incentivo para llegar hasta el fondo.

Caminar entre cráteres humeantes en las Furnas do Enxofre
PARAJE NATURAL

PLANO: **2** P. 62 **C2**

Los cráteres siempre humeantes y los charcos hirvientes no son exclusivos de la isla Terceira (Furnas, en São Miguel, tiene quizá los más famosos del archipiélago), pero vale la pena conocerlos, aunque en ocasiones solo se ve niebla y lluvia. Fiel a su esencia de museo geológico al aire libre, en **Furnas do Enxofre** hay un sendero circular (de 1 km de largo y apto para niños) que serpentea por más de 20 cráteres que liberan gases volcánicos. El volcán está inactivo desde el s. XVIII, pero mantiene el olor a azufre; sin embargo, las vistas lo compensan. La ruta a pie se completa en aproximadamente 30 min (sin contar las paradas para tomar fotografías).

Admirar la cuadrícula de Serra do Cume
MIRADOR

PLANO: **3** P. 62 **E3**

Saliendo de la carretera EN2-1A, un antiguo camino adoquinado lleva al mirador más famoso (y fotografiado) de Terceira. El **Miradouro da Serra do Cume** domina una considerable extensión de pastos verdes rectangulares que se extienden hasta el océano. Muchos identifican esta imagen con las Azores. A veces, Serra do Cume no logra liberarse de su manto de niebla (incluso en verano), por lo que disfrutar de la vista es algo bastante aleatorio. En cualquier caso, hay que disfrutar de la experiencia de forma segura y sin subirse a la barandilla para hacer mejores fotos.

Recorrer Serra de Santa Bárbara
RESERVA NATURAL

PLANO: **4** P. 62 **B2**

Serra de Santa Bárbara, con 1021 m sobre el nivel del mar, es la montaña más alta de Terceira y uno de los volcanes originales que formaron la isla. En un día claro, desde el **Miradouro da Serra de Santa Bárbara** se pueden ver las islas

ecinas de São Jorge y Pico. Antes
de ir al mirador, conviene visitar el
centro de interpretación. Los viajeros más interesados en sumergirse
en la biodiversidad local que en las
vistas pueden optar por el itinerario senderista **Mistérios Negros,**
una ruta circular de 4,9 km clasi-
ficada como de dificultad media.
A veces el camino está resbaladizo
y en algunos tramos el sendero se
vuelve tan estrecho que no cabe
más de una persona.

Nadar en Biscoitos
PISCINAS NATURALES

En verano, lugareños y turistas
acuden en masa a las populares
Piscinas Naturais dos Biscoitos
(PLANO: **5** P. 62 **C1**), una serie de piscinas naturales de roca negra, sin
arena, ideales para nadar relaja-
damente en familia o saltar al mar
desde el acantilado (solo desde el
punto marcado con un sol amarillo). Fuera de la temporada alta no
hay socorrista, aunque los invier-
nos son tormentosos y la mayoría
de las piscinas están casi secas
para entonces. Hay que ir temprano por la mañana para encontrar
aparcamiento gratuito cerca. Si no
se llega antes que las multitudes, a
5 km están las **Piscinas Naturais
das Quatro Ribeiras** (PLANO: **6**
P. 62 **C1**).

Probar el Queijo Vaquinha
QUESERÍA

PLANO: **8** P. 62 **B3**

Hay que estar muy seguro de un
producto para regalar muestras

VINO 'VERDELHO'
Biscoitos es un popular destino de
playa y también es famosa por el
vino blanco local, *verdelho*. Al igual
que en otras islas, las bodegas de
la zona están protegidas del mar
por paredes de rocas basálticas
(conocidas localmente como
curraletas). Si se dispone de tiempo
para saber más sobre el *verdelho,*
hay que visitar el **Museu do Vinho
dos Biscoitos.**
PLANO: **7** P. 62 **C1**

gratis a todo el que las pida (sin
compromiso), sabiendo que es
poco probable que alguien se vaya
sin comprar después de probarlas.
Esa es la sana estrategia de **Queijo
Vaquinha,** una quesería familiar
cerca de Cinco Ribeiras. En la
cafetería y tienda, además de ver el
proceso de fabricación, se pueden
probar los cuatro tipos de queso
que se producen: tradicional, Terceira, picante e isleño.

Comer 'alcatra', el estofado local
COMIDA TRADICIONAL

El **estofado 'alcatra',** que recibe
su nombre del corte de carne
de ternera que es el ingrediente
principal de esta receta, se cocina
lentamente en una olla de barro,
preferiblemente en horno de leña.
Es un plato aromático aderezado
con vino y especias, que se acom-

paña con una guarnición de pan dulce (para absorber la salsa) y nada más. Solía servirse solo en ocasiones especiales, pero hoy en día es fácil encontrarlo en muchos restaurantes de Terceira, incluidas las variantes a base de mariscos. No hay ningún ingrediente secreto que haga que un *alcatra* sea mejor que otro; lo principal es que esté cocinado en una olla de barro.

Probar los dulces tradicionales con especias

COMIDA LOCAL

PLANO: ⑨ P. 62 **B1**

Terceira era una importante escala en la ruta comercial de las especias, por lo que, naturalmente, sus dos **dulces tradicionales** han incorporado algunos de esos ingredientes foráneos. En primer lugar, están las *donas amélias,* unos pastelitos aromáticos ricos en canela que inicialmente se llamaban pasteles indios y luego se rebautizaron tras la visita de la reina portuguesa a la isla en 1901. Luego está el *doce de vinagre,* un postre muy dulce que, a pesar del nombre, no sabe a vinagre: solo se

usa para cuajar la leche. Ideal para fanáticos del azúcar, el grado de dulzor de estas natillas de leche y huevo con canela y anís es extraordinario. Si bien los pasteles son fáciles de encontrar en la mayoría de las *pastelarias* (en O Forno, p. 76, en el centro histórico de Angra, se encuentran los originales) y supermercados, para probar el *doce de vinagre* hay que ir a un restaurante tradicional, por ejemplo, a Ti Choa (p. 75), **Caneta** o Tasca das Tias (p. 76).

Ver un 'bailinho' en carnaval

FESTIVAL

En febrero, todas las islas de las Azores celebran el **carnaval** con los típicos desfiles callejeros y fiestas temáticas, pero Terceira lo hace con un toque diferente. Como parte del patrimonio local exclusivo de esta isla, grupos de actores y músicos aficionados recorren diferentes clubes para interpretar su *bailinho* ante un público numeroso. Estos espectáculos de canto y baile coreografiados, en los que todos los miembros van disfraza-

 EL TERREMOTO DE 1980

La tarde del 1 de enero de 1980 un terremoto de magnitud 7,2 dañó gravemente la isla de Terceira. Gracias a la rápida reacción, la reconstrucción de la isla comenzó pronto. Aunque no se ven señales físicas del terremoto (gracias a la exitosa restauración de lo que se pudo recuperar), la catástrofe está relativamente fresca en la memoria de quienes la presenciaron. En un intento por garantizar que esta tragedia no se repita, desde entonces se monitorea de cerca la actividad sísmica en las islas.

los, tienen sus raíces en el teatro de comedia y suelen burlarse de políticos, figuras públicas y eventos locales; en resumen, son obras de teatro de vodevil improvisadas a pequeña escala. Para entender los chistes se necesita un buen conocimiento del portugués y de la actualidad local, pero en cualquier caso incluso para los forasteros es una experiencia única.

Fotografiar los 'impérios' TEMPLOS

El culto al Espíritu Santo es una práctica muy extendida en las Azores. En cada pueblo hay *impérios* (pequeños **templos** cerca de la iglesia local) con un altar mayor donde los devotos colocan una o más *coroas* ("coronas") de plata. En Terceira, estos templos destacan por sus adornos de colores brillantes, lo que los convierte en una auténtica atracción turística. Algunos tienen un diseño sencillo y adornos de un solo color, mientras que otros cuentan con frescos decorativos en sus fachadas que representan las celebraciones del Espíritu Santo. Los lugareños dicen que se desconoce cuántos de estos templos hay en Terceira, pero lo más probable es que haya cerca de 80.

Admirar los frescos en São Sebastião ARTE

PLANO: **10** P. 62 **E4**

La **Igreja de São Sebastião,** de estilo gótico tardío, fue construida por los primeros pobladores de Terceira en torno a 1455 y alberga un secreto que permaneció oculto bajo pintura blanca durante años: frescos del s. xv, únicos en las Azores. Estas obras estaban siendo restauradas en el momento de redactar esta guía, pero la mayoría aún es visible. Al otro lado de la calle se encuentra uno de los *impérios* más distinguidos de Terceira (y, según la opinión de algunos lugareños, el más hermoso).

Pasar una tarde en Mata da Serreta RESERVA FORESTAL

Mata da Serreta (PLANO: **11** P. 62 **A2**), una de las primeras reservas forestales de la isla, es el lugar ideal para hacer pícnics y relajarse en familia en los días más cálidos, justo al lado de la carretera principal que rodea la isla. Además de los parques infantiles y las zonas de pícnic, un par de senderos permiten a los curiosos explorar más a fondo el bosque. Y, para resaltar su atmósfera de bosque encantado de cuento, hay una fuente de piedra de aspecto peculiar cerca de la entrada donde una figura humanoide parece sucumbir ante un pato desproporcionado. Tampoco hay que perderse las vistas desde el **Miradouro da Mata da Serreta** (PLANO: **12** P. 62 **A1**) y el **Miradouro do Raminho** (PLANO: **13** P. 62 **A1**), ambos a aproximadamente 1 km a pie del área de picnic.

Celebrar el verano en las Festas da Praia

FESTIVAL

PLANO: ⑭ P. 62 **E6**

En agosto, los habitantes de Terceira acuden en masa a la otra ciudad principal de la isla, Praia da Vitória, para sus festividades anuales, conocidas como **Festas da Praia.** Las sesiones de DJ, los conciertos, las actuaciones callejeras y un desfile temático conforman la mayor parte de la animación, complementada con torneos deportivos durante el día. Hay muchos puestos de artesanía local y comida tradicional.

Ruta Praia da Vitória

RUTA URBANA

Angra do Heroísmo se lleva la fama, pero no hay que desdeñar la ciudad más joven de Terceira, **Praia da Vitória.** Está a menos de 4 km del aeropuerto, así que incluso se puede hacer una parada rápida de camino para salir de la isla para, al menos, ver la playa de arena más grande de Terceira. Si se dispone de más tiempo, se pueden recorrer las calles adoquinadas del centro y la plaza principal, **Praça Francisco Ornelas da Câmara** (PLANO: ⑮ P. 62 **E6**), visitar las coloridas **Igreja Matriz da Praia da**

Vitória (PLANO: ⑯ P. 62 **E6**) e **Igreja do Senhor Santo Cristo** (PLANO: ⑰ P. 62 **E6**), y contemplar la ciudad desde arriba en el **Miradouro do Facho** (PLANO: ⑱ P. 62 **F2**). Si el clima es propicio para el baño, el viaje puede acabar en **Praia Grande** (PLANO: ⑲ P. 62 **F6**) para comprobar la calidez de las aguas: los lugareños afirman que son las más templadas de Terceira.

Visitar la Casa de Vitorino Nemésio

MUSEO

PLANO: ⑳ P. 62 **E6**

Antes o después de conocer la obra del notable y galardonado autor, poeta y erudito local Vitorino Nemésio, hay que ir a la casa donde nació en Praia da Vitória, convertida en museo en el 2007. La **Casa de Vitorino Nemésio** alberga objetos personales del escritor, obras tempranas (mucho antes de que fuera un autor publicado) y vídeos y fotografías que repasan su vida dentro y fuera de Terceira. Las Azores inspiraron gran parte de su obra, reflejando su eterna relación con el mar (y su dependencia de él) y con el aislamiento isleño. Nemésio es considerado el primero en propagar una conciencia y una

 MAL TIEMPO EN EL CANAL, UNA HISTORIA DE LAS AZORES

Mau Tempo no Canal es la novela más famosa de Vitorino Nemésio. Aunque el autor era oriundo de Terceira (nació en Praia da Vitória en 1091), la obra, escrita en 1944, está ambientada en Faial, Pico y São Jorge en el s. XIX, influencia del tiempo que pasó en la primera isla para completar su educación después de ser expulsado de la escuela en Angra por rebelde.

orma de ser específicamente locales, a las que llamó *açorianidade*.

Asistir a una celebración del Espíritu Santo CEREMONIA RELIGIOSA

Desde el domingo después de Pascua hasta Pentecostés (50 días después, hacia junio), los habitantes de las Azores celebran el **Espíritu Santo,** un evento semirreligioso en honor al Espíritu Santo en el que, tradicionalmente, los lugareños ofrecen sopa, carne y pan a todos los miembros de la comunidad. Esta es la idea general, pero cada isla (y a veces cada pueblo o aldea) lo celebra de manera diferente. Terceira tiene un enfoque más tradicional, probablemente más cercano a sus orígenes (alrededor del s. XVI). Durante ese período, cada fin de semana en pequeños *impérios* (templos) en toda la isla, hay ofrendas de pan y vino *(bodos)* y procesiones. Pero también hay actividades no religiosas, como conciertos, puestos de comida y pequeños mercados; la mayoría de las ganancias se utilizan para la celebración del año siguiente.

Festejar las Sanjoaninas con los lugareños FESTIVAL

PLANO: **21** P. 62 **D6**

Consideradas las mayores festividades no religiosas de las Azores, durante las **Sanjoaninas** lugareños y turistas se concentran en Angra do Heroísmo durante dos semanas en junio para celebrar a san Juan, uno de los tres santos

ILHÉUS DAS CABRAS

Frente a la costa de Angra do Heroísmo, dos islotes, los más grandes del archipiélago y que parecen una sola roca partida en dos, reciben el extraño nombre de Ilhéus das Cabras ("islotes de las Cabras") debido a que fueron utilizados por los pastores para alimentar cabras y ovejas en la época de los primeros asentamientos. Son una zona protegida desde el 2011, aunque continúan siendo propiedad privada y han pertenecido a diferentes familias desde el s. XIX. Solo se puede llegar a los islotes en barco, pero está prohibido desembarcar.

PLANO: **26** P. 62 **E4**

populares portugueses. Hay todo tipo de actividades, incluidas marchas populares (desfiles callejeros coreografiados), corridas de toros y bailes folclóricos, así como conciertos de bandas pop locales y nacionales para el público joven. Durante las celebraciones, decenas de puestos de comida se alinean en el centro histórico.

Ir al Angra Jazz FESTIVAL DE JAZZ

PLANO: **22** P. 62 **C4**

El Centro Cultural e de Congressos de Angra do Heroísmo acoge a todos los amantes del *jazz* a principios de octubre en el festival **Angra Jazz,** que ya lleva 25 años en activo. Programa una mezcla de artistas nacionales e internacionales, con la participación habitual de la Orquesta Angra Jazz (formada por alumnos de la escuela de *jazz* local). Más información sobre la programación en angrajazz.com.

Bucear entre pecios en el Cemitério das Âncoras
SUBMARINISMO

El **Cemitério das Âncoras** (PLANO: ㉓ P. 62 **C4**), parte del parque arqueológico submarino de Angra do Heroísmo, es un destino popular de buceo en aguas abiertas en Terceira. Aunque no es obligatorio, se recomienda a los buceadores menos experimentados contratar un guía para explorar este cementerio de más de 40 anclas abandonadas a lo largo de cientos de años. Cerca hay otro lugar de buceo llamado **Lidador** (PLANO: ㉔ P. 62 **C4**), llamado así por el barco naufragado que se

puede ver allí, más adecuado para esnórquel y buceadores menos experimentados.

Descubrir el Cemitério Judaico de Nagra
CEMENTERIO JUDÍO

PLANO: ㉕ P. 62 **C4**

Escondido en un barrio residencial a unos 500 m del Núcleo de História Militar (p. 66) en Monte Brasil, se encuentra el **cementerio judío** de Angra do Heroísmo, construido en la década de 1830. Es uno de los pocos rastros que quedan de la presencia de una comunidad hebrea en la isla (inmigrantes judíos sefarditas llegados a Terceira desde Marruecos a principios del s. XIX). Para visitarlo hay que consultar con la Câmara Municipal (Ayuntamiento), aunque en el momento de redactar esta guía no había visitas guiadas. También puede verse desde el exterior a través de la puerta. Aunque la zona no es insegura, está un poco desierta, por lo que es mejor ir de día.

Lo mejor para...

€ Económico €€ Medio €€€ Alto

Comer

Cocina local

Ti Choa €€
27 A2

Este restaurante familiar en Serreta es el mejor lugar para probar *alcatra de feijão,* un guiso a base de judías con *enchidos* (salchichas). Hay que reservar con antelación. *12.00-14.00 y 19.00-21.00 lu-sa*

Fonte das Sete Bicas €€
28 F3

Este restaurante de Fonte do Bastardo, que sirve todo tipo de *alcatras,* es el mejor lugar para probar la receta local de pulpo. *7.00-18.00 lu-sa*

Mar & Vinhas €€€
29 C1

Un restaurante en Biscoitos que combina a la perfección la cocina contemporánea con los sabores tradicionales. Opciones vegetarianas y platos básicos de las Azores reinventados.

12.00-15.00 y 19.00-23.00 lu-sa, 12.00-15.00 do

O Chico €€
30 C7

Ambiente relajado en un restaurante familiar y concurrido en Angra do Heroísmo. Un gran lugar para disfrutar de cocina tradicional a un precio asequible. Se recomienda reservar en temporada alta y para grupos grandes el resto del año. *12.00-15.00 y 18.30-22.00 lu-sa*

Contemporánea y vegetariana

Mercatto di Osteria €€
31 A6

Restaurante italiano de moda con algunas opciones vegetarianas y platos de fusión luso-italianos, como el atún braseado y el pulpo con *risotto* negro. En Angra do Heroísmo. *12.00-15.00 y 19.00-23.00 mi-lu*

Moshi Moshi €€
32 C5

Restaurante japonés en el centro de Angra do Heroísmo. El menú incluye opciones vege-

tarianas y algunos platos sin lactosa y sin gluten. Hay que reservar con antelación los fines de semana y en temporada alta. *12.00-14.00 y 17.00-20.30 ma-sa*

Sabores do Chef €€
33 F3

Cocina tradicional isleña junto al mar, en Praia da Vitória, con un par de opciones vegetarianas consistentes. *12.00-15.00 y 18.00-22.00 lu-sa*

Larica €€
34 D6

Este restaurante en Praia da Vitória siempre sirve al menos un plato vegano. Hay que preguntar aunque no figure en el menú. *12.00-15.00 y 18.00-22.00 ju-lu*

Comida económica

Café Aliança €
35 D6

Buena relación calidad-precio en el centro histórico de Angra do Heroísmo, con una amplia selección de *pratos do dia* (el menú cambia a diario y las bebidas no están incluidas). Hay al menos una opción

75

vegetariana en el menú. *8.00-21.00*

Casa de Pasto O Pedro ⓔ

 36 C1

Restaurante tradicional económico y sencillo en Biscoitos con un *prato do dia* asequible (plato principal, bebida y café). Solo sin reserva. Siempre está lleno, pero el servicio es rápido. *11.30-14.30 y 18.30-21.00 lu-sa*

Café 4 Cantos ⓔ

37 A8

Restaurante económico cerca de Monte Brasil con menús del día para el almuerzo que incluyen sopa, platos principales, bebidas y café. Ideal para una comida rápida o un tentempié. *8.00-22.00 lu-ju, 8.00-24.30 vi-sa*

Cafés y pastelerías

O Forno ⓔⓔ

 38 C7

La mejor opción en Angra do Heroísmo para probar (y comprar) los pasteles locales originales, las *donas amélias*. Solo mesas al aire libre. *8.00-19.00 lu-sa*

Lar Doce Livro ⓔ

 39 C7

Propiedad de una pareja de escritores locales, Lar Doce Livro de Angra es una cafetería, librería y espacio cultural apto

para niños en el corazón de la ciudad. *11.30-20.00 nov-mar, 11.30-22.00 abr-oct*

Mercearia ⓔ

 40 B6

Esta pequeña cafetería cerca de la catedral es un tesoro de pasteles y helados artesanales para golosos. *10.30-18.00 lu-vi y 10.30-15.00 sa*

Verde Maçã ⓔ

41 C6

Esta acogedora cafetería en el centro de Angra do Heroísmo es ideal para un *brunch* o una porción de tarta de manzana casera. *9.00-19.00 lu-vi, 9.00-15.00 sa*

Pescado y marisco

Restaurante Boca Negra ⓔⓔⓔ

 42 E4

Famoso por su *congro alcatra,* este local de Porto Judeu es el mejor de la isla para probar la versión con pescado (congrio) de este tradicional estofado. Hay que reservar con antelación en temporada alta. *12.30-15.00 y 19.00-22.00*

Tasca das Tias ⓔⓔ

43 C6

Restaurante contemporáneo en el corazón de Angra do Heroísmo. El solomillo a la parrilla y el atún braseado son

clásicos. No hay que perderse su *doce de vinagre*. *12.00-23.00*

Restaurante Beira Mar ⓔⓔ

44 C8

El restaurante, parte del hotel homónimo y cercano al puerto deportivo de Angra, también atiende a no huéspedes. Sirve principalmente platos de carne y pescado. *12.00-15.00 y 19.00-23.00*

O Pescador ⓔⓔ

 45 E6

En este sencillo restaurante cerca de la playa de Praia da Vitória, la especialidad es el pescado del día a la parrilla con puré de boniato. Es preferible reservar en temporada alta. *12.00-22.00 lu-sa*

Tapas y 'petiscos'

Taberna do Teatro ⓔⓔ

 46 B5

Restaurante tranquilo cerca del teatro de Angra, ideal para tomar *petiscos* (tapas) acompañados de vino portugués. *12.00-15.00 y 19.00-23.00 lu-sa*

Tapas e Pano pra Mangas ⓔⓔ

47 C7

Buena opción en el centro histórico de Angra para probar platos locales reinventados como tapas, o las clásicas tablas de quesos y embutidos de las Azores. *12.00-15.00 y 18.00-23.00 lu-sa*

Loja do Gelado ⓔ
 48 D8

Restaurante familiar de temporada con terraza en el puerto deportivo de Angra do Heroísmo. Famoso por sus helados artesanales (imprescindibles el de *dona amélia* y el de *queijada da graciosa*), también sirve comidas ligeras y *petiscos* (tapas). *11.00-22.00 abr-sep*

Beber

Bares

Delman Bar & Lounge
49 F3

Bar tranquilo con música en vivo ocasional en Praia da Vitória. Ideal para tomar cócteles al final del día con vistas a la playa. *11.30-1.00 ma-do*

Kalema Bar
50 C8

Lugar informal para tomar algo con vistas en Angra do Heroísmo, cerca de la playa. Popular en verano y los fines de semana. *14.00-2.00 ma-do*

A Barrica
51 C7

Bar-restaurante sencillo y acogedor en el centro de Angra do Heroísmo, con terraza. *8.00-21.30 lu-ju, 9.00-1.30 vi-sa*

Clubes nocturnos

Twins Club
52 C4

El club nocturno más antiguo (y único) de Terceira, en la zona de Silveira de Angra, lleva más de cuatro décadas abierto. Es un lugar clásico multigeneracional, con dos pistas de baile, una que acoge a los DJ más nuevos y música electrónica contemporánea, y la otra donde el DJ residente pincha clásicos. *24.00-6.00 vi-sa*

Comprar

Comida y alimentos

Mercado de Produtos Biológicos
53 F5

Mercado de alimentos ecológicos en Praia da Vitória con una buena oferta de productos veganos y vegetarianos. *8.00-17.00 vi-do*

Liberty American Store
54 F2

Mitad tienda, mitad atracción turística, esta tienda de Praia da Vitória es uno de los pocos lugares que recuerda la presencia de la comunidad militar estadounidense. Vende una variedad razonable de dulces y refrescos estadounidenses. *10.00-20.00 lu-sa, 14.00-20.00 do*

Quinta dos Açores
55 D3

Alimentos, bebidas y otros productos tradicionales de las Azores. *10.00-21.00*

Recuerdos y artesanía

Basílio Simões
56 D6

Ultramarinos familiar emblemático y antiguo en el corazón de Angra do Heroísmo, donde se vende un poco de todo, incluido vino de producción local. *8.30-19.00 lu-vi, 8.30-16.30 sa*

Artezanista
57 A6

Tienda de artesanía gestionada por mujeres en el centro de Angra do Heroísmo, con talleres ocasionales. Un buen lugar para comprar arte y accesorios originales hechos a mano. *10.00-13.00 y 14.00-18.00 ma-sa*

Sugerencias
de lugares para
comer, beber
y comprar en
p. 90

Explora
Faial

Las hortensias tienen un tono azul particular, tan vibrante en verano que los isleños han bautizado a Faial como la "isla azul". Su capital, Horta, tiene el encanto de una pequeña ciudad costera, pero con una personalidad cosmopolita. Es la sede del Parlamento de las Azores y uno de los puertos deportivos más famosos del mundo: la conexión de la isla con el mar es tan fuerte que su fiesta principal, la Semana do Mar, está completamente dedicada a él. La isla ha vivido numerosos terremotos y violentas erupciones volcánicas. El último, que comenzó en el mar, permaneció activo durante 13 meses, de 1956 a 1957; sus cenizas sepultaron medio faro y un pueblo.

Cómo desplazarse

 **Coche de alquiler**
Alquilar un coche es la mejor forma de explorar la isla y hacer turismo. Si hay tiempo para visitar la vecina isla de Pico, ir en ferri con el coche es muy sencillo.

 Taxi
Los taxis son la mejor opción para desplazarse si no se conduce. No tienen taxímetro, pero todos utilizan la misma tabla de precios para los destinos más frecuentes.

Bicicleta eléctrica
Una buena opción para explorar Horta y subir al monte Da Guia. Se pueden alquilar bicicletas eléctricas y patinetes, pero solo en verano.

LO MEJOR

Caminar por el volcán más reciente de las Azores en **CAPELINHOS** (p. 86).

Nadar en la **PRAIA DO ALMOXARIFE** (p. 87), con una de las mejores vistas de la isla.

Brindar en Pico con un *gin-tonic* en el **PETER CAFÉ SPORT** (p. 89).

Aprender sobre la industria ballenera en la **FÁBRICA DA BALEIA DE PORTO PIM** (p. 84).

Capelinhos (p. 86).
MATHIAS BERLIN/SHUTTERSTOCK ©

CIRCUITO A PIE

EXPLORA

FAIAL

Descubrir la esencia de Horta

Horta, una ciudad con alma de pueblo, tiene mucho encanto costero centenario: en los detalles, desde la arquitectura de sus casas antiguas, rematadas por torres para contemplar el océano, hasta su puerto deportivo, siempre concurrido, que navegantes de todo el mundo consideran su hogar.

INICIO	FINAL	DURACIÓN
Igreja das Angústias	Torre do Relógio	2 km; 1 h

❶ La iglesia de los primeros colonos

La **Igreja das Angústias** (p. 87) ocupa el lugar donde llegaron los primeros colonos y celebraron la primera misa en 1466, dirigida por el capitán mayor belga Josse Van Huerter. La iglesia actual se construyó mucho más tarde, en el s. xix, pero su ubicación es simbólica.

❷ Café de marinos

El café más famoso de Horta, el **Peter Café Sport** (p. 89), es muy conocido por los navegantes. El negocio ha crecido a lo largo de sus más de 100 años hasta incluir una tienda y visitas guiadas. Hay que hacer una pausa para admirar la vista del monte Pico.

❸ Calle pintoresca

Desde el café hay que ir hacia **Rua Vasco da Gama** y observar los edificios de la izquierda y su mezcla de estilos arquitectónicos y colores brillantes. Al ver el edificio *art-nouveau* de color verde agua de la esquina hay que girar a la derecha.

❹ Arte urbano

La **Marina da Horta** fue la primera que se construyó en las Azores, en 1986. Desde entonces, todos los navegantes que atracan allí dejan un recuerdo de su estancia para tener buena suerte y un viaje seguro. Los cuadros que cubren las paredes de este puerto suelen incluir el nombre del yate y la tripulación, la fecha y el país de origen.

❺ Jardín encantador

Dejando atrás el mar, hay que ir al **Jardim da Praça da República,** un pequeño jardín público donde los bancos de color rojo vivo y el cenador contrastan con los edificios antiguos de colores pastel y el monte Pico, siempre presente. En la esquina hay un mercado de productos agrícolas, donde también se vende artesanía local, vino y comida, con locales para almorzar o cenar.

❻ La torre del reloj

Se accede a la última parada por Alameda Barão de Roches para ver el teatro Faialense, de principios del s. xx. Hay que subir por la empinada Ladeira da Paiva hasta la **Torre do Relógio** ("torre del reloj"). Es lo único que queda de la iglesia anexa, destruida por un rayo. Es un lugar excelente para disfrutar de las vistas, con un parque infantil y una cancha deportiva.

Horta

Cemitério Municipal do Carmo

R de São Paulo

R Nova do Carmo

R de São João

R Dom Pedro IV

Travessa do Poiso Novo

Av 25 de Abril

Terminal marítimo de pasajeros del puerto de Horta

12 Cemitério do Carmo

34
23
22
35
20

3 Museu da Horta

R Médico Avelar

R de Jesus

Casa Manuel de Arriaga

32

4

R da Santa Casa

Marina da Horta

28

R Cônsul Dabney

R Majini

27

Marina da Horta

26

R Doutor Alexandre de Lacerde Goulart da Silva

30

R Vasco da Gama

31

Puerto de Horta

Doca

Monumento Natural do Vulcão dos Capelinhos

Vulcão dos Capelinhos

1 Capelinhos

2 Aldeia Baleeira do Comprido

Cabeço do Canto

Cabeço Verde

R do Canto

R da Igreja

14 Semana do Mar
15 Festival Maravilha

Museu de Scrimshaw

17

Muelle de Santa Cruz

Travessa do Borratem

16

Estrada Príncipe Alberto do Mónaco

25 33

Largo Doutor Manuel de Arriaga

19

24

Ramal do Monte da Guia

Av Gago Coutinho e Sacadura Cabral

R do Castelo

R Nova do Rosio

29 18

Baía de Porto Pim

Baía de Porto Pim

Forte de São Sebastião

Ramal do Monte da Guia

Fábrica da Baleia de Porto Pim

Ramal do Monte da Guia

Océano Atlántico Norte

Aldito do Baralheu

Casa dos Dabney

Ramal do Monte da Guia

6 Capela de Nossa Senhora da Guia

5 Monte da Guia

7 Forte de Nossa Senhora da Guia

Área de Paisagem Protegida do Monte da Guia

Reserva Natural das Caldeirinhas

Bateria de Costa do Monte da Guia

0   400 m

Área Protegida de
Gestão de Recursos
dos Cedros

N 0 ─────────── 5 km

Estrada Regional 1-1

Parque de
Lazer do
Norte Pequeno

Praia
da Fajã

Parque
da Cela

Ilha do
Faial

Cemitério
de Salão

Cemitério
da Praia
do Norte

Reserva Florestal
de Recreio do
Cabouco Velho

Cemitério da
Ribeirinha

Estrada Regional 1-1

Alto do
Guarda-
Sol

Parque
Florestal do
Cabouco Velho

Galego

Alto da
Pedreira

Cabeço do
Fogo

Charcos
de Pedro
Miguel

8 Parque do
Capelo

Caldeira

Miradouro
Cabouco

11

Cabeço dos
Trinta

Cabeço
Gordo

Ramal para a
Caldeira

Zona de Lazer
do Porto de
Pedro Miguel

21

Reserva
Florestal de
Recreio da Falca

Parque
do Poço
das Asas

Milhafres

Praia dos
Ingleses

Estrada Regional 1-2

Poço de
Maré

13

Parque
Florestal
da Falca

Estrada Nova

9

Piscinas
Naturais do
Varadouro

Cemitério de
Flamengos

Estrada 5
de Outubro

Praia do
Almoxarife

Queijaria
O Morro

10

Estrada Regional 1-2

Memorial ao
Sismo de 9 de
julho de 1998

Monte
Carneiro

Véase "Horta"

Reserva Natural
do Morro de
Castelo Branco

Calço do
Ferreiro

Cemitério
de Castelo
Branco

R da
Carreira

Extremo

Vulcão
Carneiro

Doca

Estrada Variante

R do Pasteleiro

Floresta Sail
Azores

Bateria de Costa
do Monte da Guia

Área de Paisagem
Protegida do
Monte da Guia

Más información

Imprescindible ⭐ p. 84
Experiencias ✸ p. 86
Comer ✖ p. 90
Beber 🥤 p. 91
Comprar 🛍 p. 91

★ **IMPRESCINDIBLE**

Baía de Porto Pim

Hoy en día, la Praia Porto Pim es una de las más frecuentadas de Horta por sus aguas tranquilas y su largo arenal. A principios del s. xv, la bahía recibió a los primeros colonos y, a mediados del s. xix, se convirtió en el principal centro industrial y comercial de Faial.

PLANO: P. 82 **B4**

CONSEJO
Porto Pim está a menos de 2 km del centro histórico de Horta. La mejor manera de visitarlo es a pie. Hay que reservar toda la mañana.

Escanea este código QR para precios, horarios y demás.

Forte de São Sebastião

Hay que empezar viendo la bahía desde el Forte de São Sebastião. Construida en el s. xvii, esta fortaleza era crucial para defender el puerto y sus mercancías. En el momento de redactar esta guía, el fuerte estaba cerrado al público, por lo que hay que caminar más allá para ver su torre. Al fondo están los restos de la muralla defensiva (que ahora sirve de puerta de entrada a la playa), la Fábrica da Baleia y la Casa dos Dabney, con el monte Da Guia dominando la bahía.

Fábrica da Baleia de Porto Pim

La caza de ballenas fue una de las actividades comerciales más lucrativas en las Azores, especialmente en Faial y Pico, hasta finales de la década de 1980, cuando se abolió. La mayoría de las islas tenía una planta (en algunas, más de una) para extraer aceite, carne, grasa y huesos de las ballenas. Una de estas instalaciones reconvertida en museo, la **Fábrica da Baleia de Porto Pim** ilustra sobre la historia de esta actividad en el archipiélago. En un ala de la antigua planta puede verse un extracto del documental de 1969 *Barbed Water* (dirigido por Adrian Walker, filmado en Faial y narrado por Orson Welles). En el exterior, hay una placa con una advertencia, ya que las imágenes pueden resultar desagradables para espíritus sensibles. El resto de las salas brinda contexto histórico y muestra dientes, huesos y otras partes de los cachalotes. En

MALOFF/SHUTTERSTOCK ©

la planta superior, y en la última sala de la exposición, puede verse el esqueleto de un cachalote que murió por causas desconocidas y fue arrastrado a la orilla poco después.

Casa dos Dabney

En 1806, el presidente estadounidense Thomas Jefferson nombró a John Bass Dabney (p. 88) cónsul de los Estados Unidos en Horta. La familia vivió en la isla durante tres generaciones, durante las cuales mantuvo el ejercicio consular, tendiendo puentes entre ambos países, además de comerciar con vino, naranjas y productos de la pesca de ballenas. Su antigua casa de verano es ahora un museo gratuito de una sola sala, la Casa dos Dabney, que explica la historia de la familia y su papel en el desarrollo comercial y social de la isla.

PAUSA PARA ALMORZAR
En **Genuíno** (p. 90) se puede almorzar con vistas a Baía de Porto Pim. Si hay tiempo, hay que preguntar al propietario por sus viajes alrededor del mundo.

EXPERIENCIAS

Visitar el volcán más reciente de las Azores en Capelinhos VOLCÁN

El lugar más emblemático de Faial es el volcán de **Capelinhos** (PLANO: ❶ P. 82 **D2**), activo durante 13 meses entre 1956 y 1957. La inmensidad de arena negra que cubre parcialmente el faro y se extiende hasta la costa es un espectáculo. Se puede visitar sin pagar la entrada del centro de interpretación, pero las exposiciones y vídeos ofrecen contexto sobre el impacto social y económico de este volcán y justifican los 10 €. La entrada incluye la visita al faro y la subida a la torre. Verlo de cerca, sabiendo que la mayor parte del edificio está enterrado, es impresionante. Pero quizá es más impactante ver los tejados de las casas de la cercana **Aldeia Baleeira do Comprido** (PLANO: ❷ P. 82 **D2**), un pueblo habitado en su día por balleneros y sus familias. Todos lograron escapar sanos y salvos.

Descubrir la historia de la isla en el Museu da Horta MUSEO

En la primera sala de exposiciones del **Museu da Horta** (PLANO: ❸ P. 82 **B2**), situado en el interior de un monasterio jesuita del s. XVIII, se cuenta la historia de la isla desde los primeros colonos del s. XV hasta el s. XX, cuando Horta se convirtió en el centro neurálgico de las comunicaciones del Atlántico Norte. En aquella época, la comunidad de la isla era una mezcla de portugueses, alemanes, británicos y estadounidenses, lo que influyó en el estilo de vida de Faial, que se volvió más cosmopolita y avanzada que el resto del archipiélago. El museo también rinde homenaje al artesano local Euclides Rosa, conocido por su trabajo con el núcleo de la madera de higuera, y exhibe sus complejas piezas. A unos 300 m calle abajo, un segundo museo más pequeño llamado **Casa Manuel de Arriaga** (PLANO: ❹ P. 82 **B2**) está dedicado al primer presidente del Portugal republicano (1911), natural de Horta. Alberga una colección más pequeña que se centra en la transición de la monarquía braganzista a la I República.

Subir a la cima del monte Da Guia SENDERISMO

Uno de los mejores lugares para ver Horta desde arriba es el **monte Da Guia** (PLANO: ❺ P. 82 **B5**), un área protegida que alberga muchas

LEY DE REFUGIADOS DE LAS AZORES

Debido a las erupciones en Capelinhos y sus devastadoras consecuencias, en 1958 Estados Unidos aprobó la Ley de Refugiados de las Azores, apoyada por los senadores John Pashop (Rhode Island) y John F. Kennedy (Massachusetts), que dio lugar a una ola migratoria de isleños, principalmente de Faial y Pico, hacia la costa este de Estados Unidos.

plantas y aves. Hay que seguir la carretera desde la Fábrica da Baleia de Porto Pim y, después de caminar 1,5 km cuesta arriba, se llega a la **Capela de Nossa Senhora da Gui** (PLANO: **6** P. 82 **A5**). La capilla solo abre para las festividades religiosas el 1 de agosto. En el camino, hacia la mitad de la subida, hay que parar cerca del **Forte de Nossa Senhora da Guia** (PLANO: **7** P. 82 **C6**) para ver la isla de Pico; en el momento de redactar esta guía, el fuerte estaba cerrado por los daños causados por el huracán Lorenzo en el 2019.

Relajarse en el Parque do Capelo
PARQUE FORESTAL

PLANO: **8** P. 82 **E3**

En la carretera de Capelinhos, hay que tomar el desvío a la derecha por Canada do Moinho hasta la reserva forestal de **Parque do Capelo.** Es un lugar excelente para hacer un descanso (incluso con una barbacoa). Las mesas de pícnic invitan a pasar la tarde en la naturaleza, y los ciervos (que viven en una zona vallada) añaden encanto. En la entrada hay una reconstrucción de una casa rural de piedra de las Azores, de libre acceso, donde se puede ver cómo era la vida de los campesinos de las zonas más remotas de la isla.

Admirar la rara Igreja das Angústias
IGLESIA

Es raro encontrar una iglesia portuguesa de finales del s. XIX sin un interior con azulejos azules y blancos, tallas de madera dorada y pinturas sombrías con santos y escenas de la Pasión. La **Igreja das Angústias** (p. 81) es una hermosa sorpresa, con su altar principal de frescos (los del techo representan los escudos de armas de los primeros colonos) decorado con madera tallada. Su ubicación marca el lugar de la primera misa celebrada por los colonos y la primera iglesia que construyeron. Conviene evitar el domingo por la mañana.

Nadar con vistas en la Praia do Almoxarife
PLAYA

PLANO: **9** P. 82 **H3**

Puede que no sea justo para las demás islas, pero la **Praia do Almoxarife** goza de las mejores vistas de las Azores. La arena oscura contrasta con el mar azul y, enfrente, se ve la montañosa isla de Pico. Además, es la más grande y una de las más populares de Faial, por lo que suele haber mucha gente en verano. En invierno, hay mejores lugares para pasear o cenar junto al mar (la mayoría de los restaurantes de la zona son de temporada), pero, aun así, vale la pena el viaje.

Visita a la Queijaria O Morro
QUESERÍA

PLANO: **10** P. 82 **E4**

La pequeña y familiar **Queijaria O Morro** produce el queso más popular de Faial. Se puede visitar para probar y comprar queso recién hecho (más barato que en el supermercado y las tiendas de Horta). Asimismo es posible solicitar una visita guiada gratuita (uno de los empleados habla inglés con fluidez). Están ampliando el edificio para tener una sala más grande donde hacer catas guiadas en condiciones; de momento es todo bastante rudimentario, pero prevalece el amor por su trabajo y su entusiasmo por compartirlo.

Ver el cráter de Caldeira VOLCÁN

PLANO: **11** P. 82 **F3**

Caldeira es el cráter del volcán más grande de Faial, con 400 m de profundidad. Es una zona protegida llena de plantas endémicas, por lo que ya no se permite caminar dentro del cráter sin un guía certificado. En días con buena visibilidad, se puede recorrer el sendero circular que lo rodea para admirarlo todo (aunque el sendero no es difícil, la altura supera los 1000 m en algunos puntos). Las hortensias de color azul (la flor más popular de las Azores) bordean la carretera a Caldeira en verano.

Admirar la vista desde el Cemitério do Carmo CEMENTERIO

PLANO: **12** P. 82 **A1**

Vale la pena subir por la empinada Rua do Comendador Macedo para llegar al **Cemitério do Carmo**

(mejor temprano por la mañana o cerca de la hora de cierre, las 17.00 entre semana). El esfuerzo se verá recompensado con una fantástica vista de la isla de Pico. Hay que visitar la esquina superior izquierda del cementerio (la sección no católica). Una parte estaba reservada a la familia Dabney y sus descendientes, pero también hay tumbas con otros nombres no portugueses. Este vestigio de la ciudad y la sociedad multicultural de la isla es poco conocido.

Ir de excursión a avistar ballenas EXCURSIÓN GUIADA

Las islas del Triángulo, incluida Faial, son las mejores para ver **ballenas** y comprender cómo la comunidad pasó de cazarlas a observarlas y protegerlas. Las empresas de excursiones no ofrecen salidas en temporada baja o no las anuncian; hay que preguntar al llegar a la isla. Todos los operadores siguen las pautas de bienestar animal.

Pasar un día en las Piscinas Naturais do Varadouro PISCINA NATURAL

PLANO: **13** P. 82 **E3**

Es una de las piscinas naturales más populares de Faial y en verano suele

 LA FAMILIA DABNEY

La familia Dabney vivió en Faial entre 1804 y 1892 como cónsules de los Estados Unidos. John Bass Dabney fue el primero, nombrado por el presidente Thomas Jefferson; le siguieron dos generaciones más (entonces el cargo se heredaba). Influyeron enormemente en el desarrollo de la industria ballenera y del vino de Pico. La mayoría de sus propiedades son ahora privadas, excepto su antigua casa de verano en Porto Pim y las tumbas familiares.

haber bastante gente. En las **Piscinas Naturais do Varadouro** hay una piscina artificial menos profunda (pero de agua de mar) que es una mejor opción para los niños o para quienes están aprendiendo a nadar. Los socorristas, las duchas, los baños y otras instalaciones solo están disponibles en temporada (normalmente de junio a septiembre).

Honrar el mar en la Semana do Mar
FESTIVAL

PLANO: **14** P. 82 **B3**

Durante aproximadamente una semana, a principios de agosto, todos los caminos y fiestas conducen al océano cuando Horta acoge su festival más importante: la **Semana do Mar.** Durante casi cinco décadas (el festival cumple 50 años en el 2025), este evento ha celebrado los mares y todo lo relacionado con ellos con deportes acuáticos y regatas de yates y barcos balleneros. Incluso hay un concurso de belleza, muy al estilo estadounidense, para elegir a la reina de ese año.

Asistir al poco conocido Festival Maravilha
FESTIVAL

PLANO: **15** P. 82 **B3**

El **Festival Maravilha** se celebra en Horta en junio desde el 2019. El programa suele ser variado, con espacio para todos los géneros musicales y artistas callejeros. Lo que distingue al Maravilha es que algunos eventos se llevan a cabo en escenarios flotantes en el mar; los asistentes pueden verlos desde tierra o desde un barco;

ARTE 'SCRIMSHAW'
En la planta superior del Peter Café Sport, por 3,50 € se puede visitar el **Museu de Scrimshaw,** con una colección de dientes y huesos de cachalote pulidos y tallados; esta forma de arte decayó cuando se abolió la caza de ballenas en la década de 1980. Quedan algunos artistas en las islas que ahora decoran huesos y dientes donados, pero cada vez es más raro porque la materia prima escasea y es ilegal venderla.

PLANO: **17** P. 82 **B3**

en el puerto deportivo siempre hay alguien dispuesto a invitar a bordo a los visitantes.

Tomar un 'gin-tonic' en Peter's
BAR

PLANO: **16** P. 82 **B3**

El **Peter Café Sport,** en el centro histórico de Horta, junto al puerto deportivo, es el café y bar más famoso de Faial. Durante más de 100 años, ha sido el hogar de los navegantes que surcan el Atlántico. Sobre la barra aún se puede ver el tablón de anuncios, con gente que se ofrece voluntaria para unirse a una tripulación, o que busca marineros experimentados. Dentro o fuera, en la terraza con vistas a Pico, se puede brindar por el mar con un buen *gin-tonic.*

Lo mejor para...

Localizaciones en el plano de la **p. 82**

€ Económico €€ Medio €€€ Alto

EXPLORA

FAIAL

Comer

Pescado y marisco local

Genuíno €€
 B4

Uno de los restaurantes emblemáticos de Horta, famoso por sus pescados del día y por sus vistas a Porto Pim. *12.00-23.00*

Restaurante Atlético €€
19 **A4**

El servicio es rapidísimo, sobre todo a la hora del almuerzo, cuando hay más gente. Se puede elegir un pescado fresco y pedirlo a la parrilla. Hay vino de las Azores por copas. *12.00-14.30 y 19.00-22.00 ma-sa, 12.00-14.30 do*

Medalhas €€
 B1

Restaurante clásico cerca del mercado de Horta que sirve platos regionales. No hay muchas opciones vegetarianas aparte de tortillas y guarniciones. *12.00-14.30 y 19.00-21.30 ma-sa*

Bela Vista €€
21 **E3**

Restaurante de cocina tradicional tranquilo y con vistas en Capelo, cerca del volcán Capelinhos. Ofrece *prato do dia* para el almuerzo y la cena. En temporada alta es mejor reservar. *12.00-15.00 y 18.00-21.00 mi-lu*

Cocina contemporánea

Ah! Boca Santa €€
22 **B1**

Bar-restaurante tranquilo dentro del mercado de productos agrícolas de Horta, que sirve bocadillos y hamburguesas (en *bolo lêvedo* casero) con algunas opciones vegetarianas. *11.30-14.00 lu-mi, 11.30-14.00 y 18.00-21.00 ju-sa*

Cantina da Praça €€€
23 **B1**

Restaurante moderno y acogedor, situado en el patio de restauración del mercado de Horta. Hay *petiscos* (tapas) y un menú completo; todos los pescados y carnes son locales y de temporada. *18.30-24.00 ma-sa, 12.00-15.00 y 19.00-23.00 do*

Canto da Doca €€€
24 **B4**

En este restaurante de Horta, los clientes asan su propia comida sobre una piedra. Los pescados y carnes locales son sus especialidades. *12.00-14.30 y 18.30-23.00*

Gastro bar Príncipe €€€
25 **B4**

Restaurante de alta cocina en Horta con platos de fusión con ingredientes locales y de temporada, incluidas opciones veganas. También hay muchos vinos locales. *19.00-22.00 lu-sa*

Comida económica

Papa Pizza €
26 **B3**

El teléfono suena sin parar todos los días en esta pizzería familiar cerca del puerto deportivo. Se pueden elegir ingredientes (locales o no) y comer allí o pedir para llevar. *11.30-15.00 y 17.00-22.00 lu-sa*

Café Volga €
27 **B3**

Café sin pretensiones en el centro de Horta, con

orato do dia, bocadillos y hamburguesas. *Lu-ju 7.00-23.00, vi-sa 7.00-24.00*

Bar da Marina ♿
 28 B2

En el corazón del puerto deportivo de Horta, este café con terraza sirve comidas rápidas. *12.00-22.00 lu-ju, 12.00-24.00 vi*

Café do Porto Pim ♿
29 B4

Ideal para disfrutar de una comida asequible o de unas bebidas y unos *petiscos,* con una vista de Porto Pim impagable. *7.00-21.00*

Dulces
Gelados do Atlântico ♿
30 B3

Hay que elegir el sabor de la semana y probar los demás; algunos elaborados con clásicos de las Azores, como las galletas *bolacha mulata* y las *queijadas da graciosa. 12.00-19.00 y 20.00-22.00*

Beber
Bebidas y 'petiscos'
Peter Café Sport
16 B3

Mítico bar y cafetería de Faial, cerca del puerto deportivo, con vistas a

Pico. Famoso por su *gin-tonic* y su sopa de ballena (ya no lleva ballena, solo carne), también es un buen lugar para tomar un tentempié. *9.00-24.00 lu-sa*

Oceanic
31 B3

Bar tranquilo para tomar una copa y unas tapas, con música en directo los fines de semana. Ocupa uno de los edificios históricos de Horta: Armazéns Relva, antiguamente propiedad de la familia Dabney para vender vino de Pico. *18.00-2.00 lu-ju, 18.00-3.00 vi-sa*

Cantinho das Provas
32 B2

El mejor lugar de Horta para catar vino de las Azores. Maridaje opcional con *petiscos* locales y de fusión y platos ligeros. *19.00-22.00 ju-sa*

Comprar
Productos locales y recuerdos
Lava Studio
véase 33 B4

Pequeña tienda cerca del centro de Horta, en el barrio de Angústias, que vende complementos de moda y artículos de decoración hechos a

mano. Un lugar excelente para comprar recuerdos únicos hechos por artesanos locales. *10.00-13.00 y 14.00-18.00 lu-vi, 10.00-13.30 sa*

Queijaria O Morro
véase 10 E4

Quesería artesanal familiar en Castelo Branco. Produce cuatro tipos de queso y la mayoría se puede comprar a diario. Ofrece visitas guiadas gratuitas previa solicitud. *7.00-20.00 lu-sa*

Loja do Triângulo
34 B1

Tienda en el mercado de productos agrícolas de Horta para comprar vino y alimentos de las islas del Triângulo de Faial, Pico y São Jorge. *9.00-18.30 lu-vi, 8.30-13.00 sa*

Mercado Bio Açores
35 B1

Tienda de alimentación de Horta, especializada en productos ecológicos, con una buena selección de tés de las Azores de Gorreana y Porto Formoso. *9.00-18.00 lu-vi, 9.00-13.00 sa*

Sugerencias
de lugares para
comer, beber
y comprar en
p. 106

Explora Pico

Pico, la isla geológicamente más joven de las Azores y la segunda más grande del archipiélago, es el epicentro de las islas del Triángulo, donde el océano aún no ha erosionado las rocas volcánicas de la costa. También alberga la montaña más alta de Portugal y viñedos Patrimonio Mundial de la Unesco. En esta tierra de balleneros y viticultores, las nuevas formas de arte coexisten con las tradicionales, y la creatividad es más que una habilidad: es una forma de resistencia y de vida. Escalar "la montaña", como llaman los lugareños al monte Pico de 2351 m, puede ser lo que atrae a los visitantes, pero es el ambiente relajado de la isla y su determinación, como si todos hubieran nacido capaces para afrontar cualquier cosa, lo que hace que se queden un poco más.

Cómo desplazarse

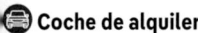 **Coche de alquiler**

Alquilar un coche es la mejor opción para recorrer la isla por cuenta propia.

Taxi

Una buena opción para quienes no conducen para recorrer la isla o ir de un punto de interés a otro. Los taxis no tienen taxímetro: los precios se fijan en función de la distancia. Hay que preguntar antes de subir; suele ser negociable.

 A pie

La mayoría de los atractivos está a poca distancia a pie en cada ciudad (Madalena, Lajes, São Roque), por lo que es una buena opción para desplazarse. Las aceras a veces son muy estrechas o inexistentes en las carreteras secundarias fuera de la ciudad.

Monte Pico (p. 100).
HELOVI/GETTY IMAGES ©

LO MEJOR

Escalar el **MONTE PICO** (p. 100), la montaña más alta de Portugal.

Caminar entre viñedos Patrimonio Mundial de la Unesco en **PAISAGEM DA VINHA DE CRIAÇÃO VELHA** (p. 99).

Aprender sobre la industria ballenera en el **MUSEU DOS BALEEIROS** (p. 101).

Catar vinos locales en el corazón de los antiguos viñedos de **ADEGA DO VULCÃO** (p. 21).

CIRCUITO A PIE

Lo mejor de Madalena

Madalena tiene todo lo que cabe esperar de una ciudad costera de las Azores: un puerto animado, excursiones para avistar ballenas y mucha gente observando las olas. Pero también presume de una arquitectura única, un arte urbano sorprendente y el imponente monte Pico, que hace notar su presencia incluso detrás de las nubes.

INICIO	FINAL	DURACIÓN
Porto Areia Larga	Cella Bar	3 km; 1½ h

1 Vista de Faial

El paseo comienza en **Porto Areia Larga,** con una vista perfecta de Faial, detrás de los dos famosos islotes de Pico, Deitado y Em Pé, cuyos nombres se traducen como "acostado" y "de pie".

2 Tributo a un marino

Hay que caminar a lo largo de la costa por el camino de grava que conecta Areia Larga con Areia Funda, teniendo cuidado con las ocasionales salpicaduras en los días más ventosos. En el puerto hay que ver la **estatua de Gilberto Mariano,** obra del artista local Rui Goulart y homenaje a un conocido *picaroto* (gentilicio de Pico) que, durante décadas, llevó mensajes y paquetes a través del canal de Pico a Faial.

3 Iglesia distintiva

Se camina a continuación hacia la **Igreja de Santa Maria Madalena** para observar su distintiva fachada de azulejos blancos y sus torres puntiagudas. Si hay tiempo para echar un vistazo al interior, hay que fijarse en las vidrieras de mediados del s. xx, que contrastan con los azulejos del s. xix y las tallas de madera dorada del altar principal.

4 Arte urbano

El **Jardim dos Maroiços** es un buen lugar para descansar o para que los niños se diviertan en la zona infantil o en la pista de patinaje. Es un sitio de reunión popular entre los lugareños (y los niños de la escuela situada enfrente). Antes de irse hay que fijarse en el mural *A Picarota* del artista lisboeta Carlos Farinha. En el lado opuesto del parque, las caras amigables de piedra esparcidas sobre el césped son las *Sorrisos de Pedra* ("Sonrisas de Piedra") de Helena Amaral (p. 100).

5 Molino pintoresco

Al regresar a la orilla, en dirección al puerto, se ve **Moinho do Saca,** un molino de viento típico, y detrás, la ciudad. De camino a la última parada, puede verse el mural *Fishing with heart* ("Pescando con el corazón") del artista belga Kas Art en el local de la asociación local de pesca artesanal, homenaje a los pescadores de la isla.

6 Edificio premiado

La última parada, Cella Bar (p. 107), es un regalo triple: ganó el premio al edificio del año de ArchDaily en el 2016, es el mejor sitio de Madalena para tomar una copa con vistas y está al lado de las Piscinas Naturais da Barca para darse un baño rápido (si el tiempo lo permite).

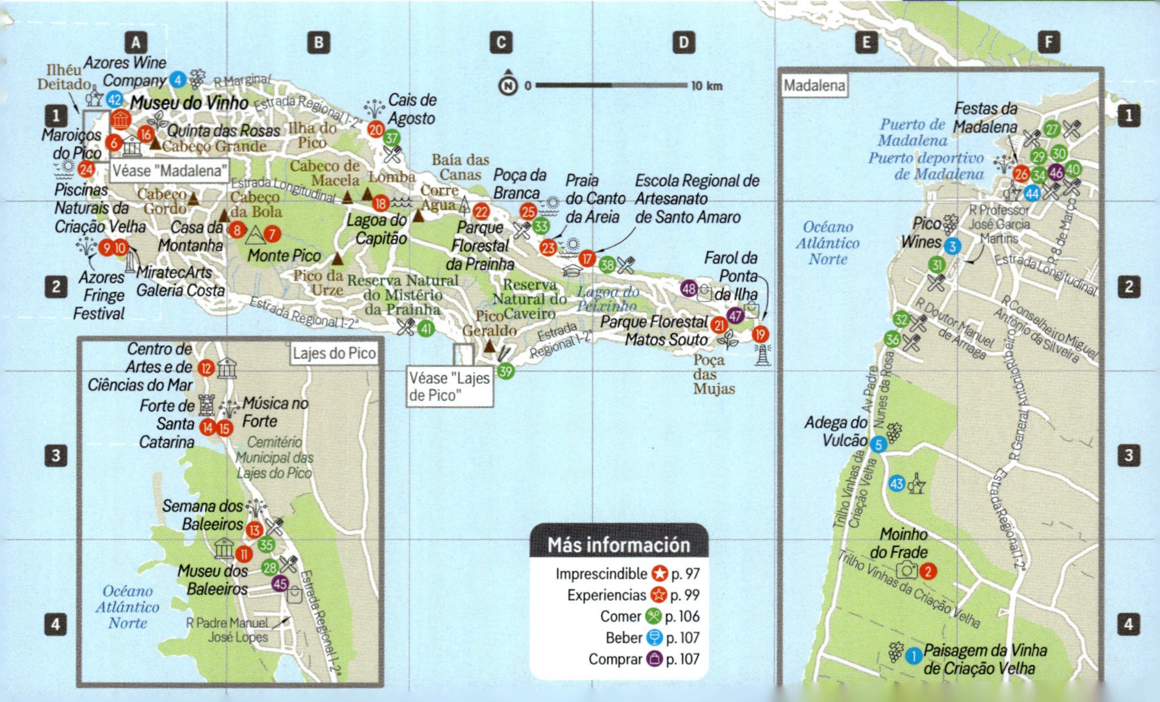
Ilhéu Deitado
Azores Wine Company
R Marginal
Museu do Vinho
Estrada Regional 1-2ª
Maroiços do Pico
Quinta das Rosas
Cabeço Grande
Ilha do Pico
Cais de Agosto
Véase "Madalena"
Piscinas Naturais da Criação Velha
Cabeço Gordo
Cabeço da Bola
Estrada Longitudinal
Cabeço de Macela
Lomba
Corre Agua
Baía das Canas
Poça da Branca
Praia do Canto da Areia
Escola Regional de Artesanato de Santo Amaro
Casa da Montanha
Monte Pico
Lagoa do Capitão
Parque Florestal da Prainha
Azores Fringe Festival
MiratecArts Galeria Costa
Pico da Urze
Reserva Natural do Mistério da Prainha
Reserva Natural do Caveiro
Lagoa do Peixinho
Pico Geraldo
Farol da Ponta da Ilha
Parque Florestal Matos Souto
Poça das Mujas
Estrada Regional 1-2ª
Véase "Lajes de Pico"
0
10 km
Lajes do Pico
Centro de Artes e de Ciências do Mar
Forte de Santa Catarina
Música no Forte
Cemitério Municipal das Lajes do Pico
Semana dos Baleeiros
Museu dos Baleeiros
Océano Atlántico Norte
R Padre Manuel José Lopes
Estrada Regional 1-2ª
Madalena
Festas da Madalena
Puerto de Madalena
Puerto deportivo de Madalena
Océano Atlántico Norte
Pico Wines
R Professor José Garcia Martins
R 8 de Março
Estrada Longitudinal
R Doutor Manuel de Arriaga
R Conselheiro Miguel António da Silveira
R General António Ribeiro
Av Padre Nunes da Rosa
Adega do Vulcão
Trilho Vinhas da Criação Velha
Estrada Regional 1-2ª
Moinho do Frade
Trilho Vinhas da Criação Velha
Paisagem da Vinha de Criação Velha
Más información
Imprescindible p. 97
Experiencias p. 99
Comer p. 106
Beber p. 107
Comprar p. 107

⭐ **IMPRESCINDIBLE**

Museu do Vinho

Hace casi tres siglos, los productores de vino de Pico se las ingeniaron para desarrollar una forma de cultivar vides protegiéndolas del viento y el mar. En el Museu do Vinho se aprecia ese ingenio de múltiples maneras.

Historia de la elaboración de vino en Pico

El edificio principal, la bodega y el lagar, que ocupan la antigua propiedad del s. XVII donde los monjes carmelitas de Faial pasaban los veranos, han sido remodelados para recuperar la arquitectura original. Eran tiempos de prosperidad para los que se dedicaban al comercio de vino, y sus casas lo reflejaban. En la planta baja del inmueble de la izquierda, la **Casa Conventual dos Carmelitas,** un largo pasillo repleto de fotografías de archivo traza la cronología de la industria vitivinícola en Pico. Abarca desde la introducción de las primeras vides por los colonos a finales del s. XV hasta que la isla se convirtió en exportadora de vino en el s. XIX, además de su designación como Patrimonio Mundial de la Unesco gracias a su enfoque único del cultivo y la protección de los viñedos. En la planta superior, la exposición se centra en la historia de la elaboración del vino en Pico y en otros lugares, y hay un par de juegos divertidos basados en la identificación de caldos. No es el museo más interactivo, pero estas dos exposiciones proporcionan una base histórica útil para comprender la viticultura de Pico antes o después de una cata de vinos en la ciudad.

Mirador sobre los viñedos

El lugar más popular del recinto es la estructura de madera de color rojo vivo desde donde se pueden ver los famosos *currais* (muros de basalto construi-

PLANO: P. 96 A1

CONSEJO
La visita al museo, autoguiada, dura aproximadamente 1 h. La mayor parte de la información está en portugués, por lo que es recomendable solicitar un folleto en otro idioma al comprar la entrada.

Escanea este código QR para precios, horarios y demás.

USCHIDASCHI/SHUTTERSTOCK ©

dos para proteger los viñedos del viento y el mar). Son más pequeños que en otros lugares de la isla, pero puede apreciarse la complejidad de la estructura laberíntica que todavía se utiliza hoy en día.

El bosque de dragos

No está relacionado de ninguna forma con el vino, pero forma parte de la propiedad. Tras visitar el último edificio, el lagar, surge el bosque de dragos, un árbol centenario originario de Macaronesia, una región con cuatro archipiélagos volcánicos en el Atlántico Norte, y se dice que este bosque de Pico es el más grande. Los especialistas estiman que la mayoría de estos árboles tiene más de 200 años. El más antiguo solía ser la atracción principal por su tamaño y edad de más de 400 años; por desgracia, no sobrevivió a una violenta tormenta en el 2019.

EXPERIENCIAS

Caminar entre los viñedos de Criação Velha · SITIO HISTÓRICO

La ruta de senderismo a los viñedos de **Paisagem da Vinha de Criação Velha** (PLANO: ● P. 96 A4) empieza en el puerto, cerca de Areia Larga, aunque a los 10 min ya no es necesario consultar el mapa, ya que las hileras de *currais* (muros de basalto construidos para proteger los viñedos del viento y el mar) comienzan a bordear la carretera a la izquierda. El tejado rojo brillante del molino de viento **Moinho do Frade** (PLANO: ● P. 96 E4) contrasta con los tonos oscuros del monte Pico. A la derecha se ve una *rola-pipas* (una rampa específica de Pico tallada en las rocas por el mar para hacer rodar los barriles hasta los barcos). A la izquierda está el molino, que recuerda el ingenio centenario necesario para aprovechar las condiciones de la isla para producir vino. Aún hoy, debido a que los *currais* son muy estrechos, la cosecha se hace a mano. Hay que subir al molino para verlo todo.

Ver los Maroiços · PATRIMONIO LOCAL

PLANO: ● P. 96 A1

En las afueras de Madalena, decenas de ordenadas pilas de rocas en forma de pirámide, conocidas como **Maroiços do Pico,** surgen entre los pastos. Los lugareños explican que no son más que una forma de limpiar la tierra que los agricultores practican desde tiempo inmemorial. Teorías más

LOS MEJORES LUGARES PARA CATAR VINOS

Para probar el vino local y conocer a quienes lo elaboran la demanda es alta, así que hay que reservar con antelación en línea.

Pico Wines

PLANO: ● P. 96 E2

También conocida como CVIP, la asociación de productores locales de Madalena organiza diferentes catas que pueden durar entre 30 min y 1 h.

Azores Wine Company

PLANO: ● P. 96 A1

Responsable de la fama mundial del vino de Pico en el último decenio. Los visitantes pueden combinar una cata con una visita a la bodega.

Adega do Vulcão

PLANO: ● P. 96 E3

En el corazón de Criação Velha, declarado Patrimonio Mundial por la Unesco, sus experiencias vinícolas incluyen degustación de tres vinos y recorrido por antiguos viñedos.

recientes sugieren que podrían ser antiguos templos paganos en honor del sol naciente, basándose en su posición en relación con el monte Pico (p. 100). Los isleños son escépticos, porque esto implicaría que el archipiélago había estado habitado antes de la llegada de los portugueses, algo de lo que no hay indicios determinantes. Las asociaciones con mitos como el de la Atlántida hacen aún más cuestionable la hipótesis anterior. Algunos son más fáciles de detectar por su forma precisa y su construcción cuidadosa, mientras que otros parecen simplemente montones de rocas. Imperturbables, las vacas y las ovejas siguen perezosamente con la mirada a los visitantes que buscan *maroiços*.

Escalar el monte Pico   MONTAÑA

Subir a la cima del **monte Pico** (PLANO: ❼ P. 96 **B2**), la montaña más alta de Portugal, a 2351 m sobre el nivel del mar, es una de las principales razones para ir a la isla de Pico. No se necesita equipo especial, salvo botas de montaña, bastones y ropa cómoda: es más una caminata empinada que una escalada. Tanto si se reserva una excursión guiada como si se va por cuenta propia, la primera parada es el centro de visitantes de la **Casa da Montanha** (PLANO: ❽ P. 96 **B2**). Allí se aprende sobre la montaña y algunas reglas básicas (como tomar en serio las advertencias meteorológicas), y un empleado registra la ascensión, cobra una tasa de 15 € y entrega un dispositivo GPS de rastreo. En temporada alta, es probable que haya que subir en fila india, ya que la ascensión ha ganado popularidad con los años. Una visita guiada permite ver el

amanecer desde la cima si se busca una experiencia más relajada, pero no hay que esperar una soledad total a menos que se solicite una visita privada. El aforo diario es limitado, por lo que es necesario reservar con antelación.

Encontrar todas las "Sonrisas de Piedra"   ARTE URBANO

Helena Amaral, una artista de Pico empezó a tallar caras y sonrisas en bombas de lava que encontraba por toda la isla. Cada pieza es única y, en conjunto, se conocen como *Sorrisos de Pedra* ("Sonrisas de Piedra"). Pueden verse en varios lugares de la isla, incluido el aeropuerto, el Jardim dos Maroiços (p. 95), en el centro de Madalena, y en la cima del monte Pico. En internet hay un mapa que muestra la mayoría de sus ubicaciones y localizarlas puede ser un divertido juego para los niños. Puntos extra para quien encuentre las que no figuran en los mapas: hay decenas.

Ver arte urbano en Galeria Costa   ARTE URBANO

En el 2015, el director creativo de MiratecArts ideó una iniciativa cultural para desarrollar un proyecto artístico que se incluiría en el **Azores Fringe Festival** (PLANO: ❾ P. 96 **A2**) de ese año. El objetivo era que los artistas locales y visitantes crearan piezas entre árboles, viñedos y rocas. Sin mantenimiento, la naturaleza seguiría su curso y cubriría las obras o las dejaría visibles. La **MiratecArts Galeria Costa** (PLANO: **10** P. 96 **A2**), de acceso gratuito y abierta 24 h todos los días, pronto atrajo a los turistas y sigue siendo popular. Está en medio de la nada, sin ninguna señal que indique la dirección correcta, unos 7 km al sur de Paisagem da Vinha de Criação Velha (p. 99). Aunque la puerta esté cerrada se puede entrar. Hay que caminar por el sendero señalizado y observar las obras expuestas, pero sin salirse del camino, pues las plantas también son obras de arte.

Aprender sobre la industria ballenera
MUSEO

En Lajes do Pico se puede conocer la historia de la industria ballenera de la ciudad en el **Museu dos Baleeiros** (PLANO: **11** P. 96 **B4**). La caza de ballenas (o pesca, como se llamaba entonces) en las Azores era una actividad puramente artesanal. Apenas un pequeño barco de madera y arpones separaba a los hombres de los animales; la vida era dura y capturar un cachalote alimentaba a muchas familias, lo que significaba que había que

correr el riesgo. Las exposiciones se centran en esos tiempos con fotografías que documentan la caza y el despiece. El adjunto **Centro de Artes e de Ciências do Mar** (PLANO: **12** P. 96 **A2**), ubicado en una antigua planta ballenera, se centra más en el aspecto industrial y en cómo se procesaba una ballena, con un poco de contexto social y económico de la época en que la industria alcanzó su apogeo.

Asistir a la Semana dos Baleeiros
FESTIVAL

PLANO: **13** P. 96 **B3**

A finales de agosto, se celebra en Lajes el principal evento del año, la **Semana dos Baleeiros.** Las principales atracciones son los conciertos de artistas locales y nacionales, los puestos de comida tradicional y las competiciones de deportes acuáticos. Pero lo realmente imprescindible, un clásico de estas festividades, son las regatas balleneras del fin de semana. Para quien sienta curiosidad por el lado religioso de la fiesta, parte de la procesión se realiza en el mar a bordo de barcos balleneros.

 INDUSTRIA BALLENERA

La mayoría de las islas Azores se dedicaron a la caza de ballenas, pero en Pico, la industria era realmente boyante. Aquí se fundó la primera empresa de avistamiento de ballenas a principios de la década de 1990, unos años después de que se prohibiera su caza (las últimas fueron capturadas en 1987). Aún pueden encontrarse antiguos balleneros en Lajes y São Roque, las localidades más activas.

Visitar la última fortaleza de Pico
MIRADOR

El único recinto fortificado que queda en Pico es el **Forte de Santa Catarina,** del s. XVIII (PLANO: 14 P. 96 **A3**), construido en Lajes para proteger la isla de las invasiones napoleónicas. Es un gran lugar para ver la ciudad y el monte Pico, y el edificio ha sido remodelado para incluir un anfiteatro al aire libre desde donde los visitantes pueden ver la montaña con la puesta de sol de fondo: es espectacular. Uno de los eventos musicales gratuitos más recientes de la isla, **Música no Forte** (PLANO: 15 P. 96 **A3**), se celebra allí todos los fines de semana de julio y agosto al atardecer.

Pasear por la romántica Quinta das Rosas
JARDÍN

PLANO: 16 P. 96 **A1**

La **Quinta das Rosas** es quizá el lugar más romántico de Pico. Se trata de un jardín botánico con una zona de pícnic a poca distancia en coche de Madalena. Permite pasear por una gran colección de plantas exóticas, árboles frutales y estanques antes de ir al mirador con vistas a Faial o hacer una pausa para un pícnic. Y no hay que perderse uno de los edificios más famosos del jardín: la pequeña **capilla de Santa Isabel,** muy popular para celebrar bodas.

Descubrir la artesanía local en la Escola de Artesanato
ARTESANÍA

PLANO: 17 P. 96 **C2**

En 1986, las artesanas locales (y hermanas gemelas) Conceição y Alzira Neves fundaron la **Escola Regional de Artesanato de Santo Amaro,** una escuela de artesanía para enseñar las técnicas antiguas antes de que se perdieran y exhibir el trabajo de los estudiantes. Además de los talleres habituales, puede visitarse un pequeño **museo etnográfico** y curiosear en la tienda, llena de creaciones originales de las hermanas y otros artesanos isleños.

Admirar las lagunas de Pico
LAGUNAS

PLANO: 18 P. 96 **B2**

Una de las cosas más bonitas de las lagunas de Pico es que todas están completamente intactas y la mayoría es de fácil acceso. Hay una ruta de senderismo de 22 km que

---

LA CARRETERA PANORÁMICA

En un lugar conocido por sus carreteras con curvas entre bosques y colinas, toparse con un tramo recto de 9 km que no es una autopista es motivo de asombro. La ER-3 atraviesa Pico, conectando Madalena con São Roque, y es una de las carreteras más pintorescas de las Azores, de esas que obligan a parar el coche para hacer fotos de las calzadas desiertas.

omienza cerca de la ER-3 y lleva a s 13 que hay en la isla, pero también se puede ir en coche a cada na de ellas si no hay tiempo para na caminata tan larga. En un día espejado, sin niebla, se puede ver a mayoría en 2½ h, incluyendo aradas para admirar las vistas y equeños paseos desde el coche asta las lagunas. Sin embargo, si e dispone de tiempo únicamente ara ver una, que sea la **Lagoa do Capitão,** la más grande de la isla.

ubir a la cima del arol da Ponta da Ilha   FARO

LANO: **19** P. 96 **D2**

os nombres de los lugares y tractivos naturales de Pico no son esignaciones elaboradas con una istoria complicada o una leyenda ocal detrás; la mayoría se basa en as características principales del ugar. Por ejemplo, Ponta da Ilha ignifica "la punta de la isla", y so es exactamente lo que es. Los iércoles se puede visitar gratis el **Farol da Ponta da Ilha** y subir a a cima para ver la escarpada costa la isla de São Jorge enfrente.

estejar con los nativos el Cais de Agosto   FESTIVAL

LANO: **20** P. 96 **B1**

El principal festival de São Roque es el **Cais de Agosto,** que se celebra a finales de julio y atrae a gente del extranjero, de otras localidades de Pico y de las islas vecinas. El programa incluye conciertos de ar-

tistas locales y nacionales, puestos de comida y bebida tradicionales, y una exposición y venta de artesanía local. La comida es una parte esencial de este evento, en el que los productores presentan su mejor género en una feria gastronómica que dura una semana. Es una gran oportunidad para probar lo que la isla ofrece y llevarse deliciosos recuerdos.

Pasar un día en uno de los parques forestales   PARQUE FORESTAL

En Pico hay cinco parques forestales, pero dos de ellos destacan por ser lugares estupendos para hacer un pícnic, relajarse o hacer una visita. El **Parque Florestal Matos Souto** (PLANO: **21** P. 96 **D2**), en la zona de Lajes, se instituyó inicialmente como escuela de agricultura. Se nota el enfoque educativo en la planificación (algo diferente de otros parques forestales), con jardines más pequeños y tierras de cultivo, pero la atracción principal es el estanque, con un puente colgante de madera. Los arcos rojos de inspiración japonesa también son llamativos. En el **Parque Florestal da Prainha** (PLANO: **22** P. 96 **C2**) hay un molino de viento y una réplica de una casa rural típica con entrada gratuita, que muestra cómo vivían las familias rurales de las Azores. También ofrece una de las vistas más hermosas de la isla, con viñedos tradicionales y la isla de São Jorge al fondo.

Ver la única playa de arena de Pico
PLAYA

PLANO: **23** P. 96 **C2**

Las playas de arena son escasas en las Azores, y aún más en Pico: al ser la isla más joven del archipiélago, su costa está formada principalmente por rocas, guijarros y calas. Sin embargo, hay una playa de arena en Prainha llamada **Praia do Canto da Areia.** No hay que esperar kilómetros de arena negra, porque en realidad es muy pequeña. Pero es un lugar popular entre los lugareños. Desafortunadamente, eso también significa que en verano está muy concurrida; la buena noticia es que hay piscinas naturales a menos de 3 km.

Nadar en una piscina oceánica
PISCINA NATURAL

Puede que en Pico no haya muchas playas de arena, pero no escasean las opciones cuando se trata de piscinas naturales. Cada lugareño tiene su favorita y las opiniones sobre cuál es la mejor suelen diferir. Una buena regla general es elegir una que tenga instalaciones cercanas (baños, duchas, bar o restaurante) y espacio razonablemente suficiente para poner una toalla (sin piedras que se claven en la espalda). Las **Piscinas Naturais da Criação Velha** (PLANO: **24** P. 96 **A1**), cerca de los viñedos de Madalena, son de las más bonitas. Otra buena opción con aguas tranquilas y cristalinas y suficiente espacio para

relajarse es **Poça da Branca** (PLANO **25** P. 96 **C2**) en Prainha, pero hay que tener en cuenta que no tiene socorristas.

Ir a las Festas de Madalena
FESTIVA

PLANO: **26** P. 96 **F1**

Pico tiene tres localidades principales, cada una con su propio festival, y las fechas nunca coinciden. Es probable que si se pasa una o dos semanas en verano, la estancia coincida con al menos uno de esos eventos. Madalena inicia la temporada de festividades parcialmente religiosas con sus **Festas da Madalena** hacia la tercera semana de julio aproximadamente. El programa incluye cuatro días de conciertos de artistas locales, muchos puestos de comida en la calle donde probar platos tradicionales y otros eventos, incluida la celebración religiosa en honor a su santa patrona, Santa Maria Madalena.

Ver ballenas de cerca
EXCURSIÓN GUIADA

Prácticamente todas las islas de las Azores tienen su propia versión de una excursión de avistamiento de ballenas (algunas combinan un paseo en barco con la posibilidad de ver ballenas en libertad), pero hacerla en Pico es especial: su antigua y próspera industria ballenera es la razón por la que la isla es conocida como la tierra de los balleneros. Aunque algunas de estas expediciones parten de Madalena, los

Moinho do Frade (p. 99).

operadores de excursiones de avistamiento de ballenas se concentran en Lajes, una localidad con una conexión histórica con la caza de ballenas y donde estas suelen acercarse a la costa. Todas las empresas siguen estrictas pautas de bienestar animal y mantienen una distancia segura con los animales en su hábitat natural. Algunas solo realizan excursiones en temporada alta, pero pueden verse delfines y cachalotes todo el año, por lo que incluso si la visita a Pico no se hace en verano pueden verse animales en libertad. El mejor momento para disfrutar de esta experiencia es entre marzo y junio, cuando una mayor variedad de especies visita la región.

Viajar a otra isla del Triángulo

EXCURSIÓN DE UN DÍA

Durante todo el año, hay conexiones frecuentes en ferri desde Pico a las islas vecinas de Faial y São Jorge. La frecuencia aumenta en verano (jun-sep), lo que permite a los viajeros establecerse en Pico, tomar el ferri por la mañana a una de las islas y regresar al final del día. La ciudad de Horta (Faial, p. 80) está a 30 min de Madalena, y Velas (São Jorge, p. 110), a unos 50 min de São Roque. En un día solo pueden verse los principales puntos de interés, por lo que si se desea conocer a fondo las islas o hacer alguna ruta de senderismo, es mejor pasar la noche.

EXPLORE

PICO

Lo mejor para...

€ Económico €€ Medio €€€ Alto

Comer

Desayuno y 'brunch'

Padaria Andrade €
 27 F1

La selección de pasteles y panes en esta cafetería del centro de Madalena hace que sea un excelente lugar para desayunar. 7.00-18.00 lu-sa

Pastelaria Aromas e Sabores € €
28 B4

En Lajes aguarda una gran variedad de zumos de fruta fresca y repostería local, donde degustar *queijadas da néveda* (pastel inspirado en un personaje local de un libro infantil). 8.00-19.00 lu-vi, 8.30-18.00 sa

Pastella €
29 F1

El cartel sobre la puerta dice "Pastelaria Linu" (el propietario anterior). Detalles comerciales aparte, es un lugar asequible en el centro de Madalena para tomar un desayuno portugués típico. 7.00-18.00 do-vi

Cocina tradicional

O Cinco €€€
30 E2

Este pequeño restaurante con terraza de Madalena ofrece un menú de las Azores que incluye una buena selección de opciones vegetarianas. Se llena rápidamente en temporada alta; mejor reservar. 9.00-23.00 lu-sa

O Petisca €€€
31 E2

Restaurante de Lajes con una buena relación calidad-precio y una gran selección de *petiscos* (tapas) tradicionales de las Azores (de ahí su nombre), para quienes solo quieran picar algo. 12.00-14.30 y 19.00-22.00 lu-sa

O Ancoradouro €€€
32 E2

Restaurante de lujo en Madalena, con vistas al mar, especializado en platos de marisco de Pico y las Azores. Conviene reservar. 12.00-15.00 y 19.00-22.00 ma-do

Localizaciones en el plano de la **p. 96**

Adega Açoriana €€
33 C2

Un lugar fantástico en Prainha para comer o tomar tapas con vistas. Hay opciones vegetarianas. 11.30-23.30 mi-lu

Comida económica

Simpatia €
 34 F1

Bar-restaurante en el centro de Madalena que sirve *prato do día* (menú del día) con platos tradicionales (uno de carne y uno de pescado) con un toque casero. 7.00-23.00 ma-do

Danny's Café €
35 B4

Pequeño café sin pretensiones en Lajes que sirve bocadillos y hamburguesas, con al menos una opción vegetariana. 6.30-20.00 lu-sa

Atlântico Tea and Wine House €
 36 E2

Local económico para almorzar una sopa y un bocadillo o *petiscos*. Hay que dejar hueco para los postres. 8.00-22.00 ma-do

Clube Naval de São Roque
 37 B2

Asequible, sirve hamburguesas y filetes a la parrilla, también con bufé para el almuerzo. *7.30-24.00 lu-ju, 7.30-2.00 vi-sa*

Cocina local contemporánea

Magma
38 D2

Restaurante con vistas en São Roque do Pico donde el pescado del día es una de las especialidades en verano. El menú incluye platos para niños y algunas opciones vegetarianas. *12.30-18.00 y 19.00-22.00*

Mar Sushi Terrace
39 C2

Todos los platos se elaboran con pescado fresco en este restaurante de inspiración japonesa en Lajes do Pico. Algunas opciones vegetarianas. *12.30-15.00 y 18.30 22.00 ju-lu*

Cocina vegana y vegetariana

Mercado Bio
40 F1

Cocina fusión en el centro de Madalena con opciones veganas y vegetarianas. Menú infantil bajo demanda. *12.00-15.00 y 18.30-22.00 mi-lu*

Fonte Cuisine
41 C2

Ubicado en el alojamiento rural Aldeia da Fonte, está abierto a no huéspedes. Buena selección de platos vegetarianos. *12.00-14.30 y 18.30-21.30*

Beber

Bares tranquilos

Cella Bar
 42 A1

Famoso bar con vistas en Madalena con una gran variedad de vinos de Pico. También ofrece catas de vinos de Cella. *15.00-24.00 lu, ju, vi, 12.00-24.00 sa-do*

Café Concerto
43 E3

Bar abierto hasta la madrugada en Madalena con ambiente relajado y música en vivo los fines de semana. *17.00-2.00 do y ma-vi*

Garrafeira da Vila
 44 F1

En esta bodega, bar y restaurante, maridar los vinos de Pico con la comida es opcional. Un buen lugar para comprar una botella. *19.00-22.00*

Comprar

Libros y recuerdos

Livraria Companhia das Ilhas
45 B4

Editorial y librería con sede en Lajes con obras de autores locales y nacionales, y recuerdos. *10.30-13.00 y 14.00-18.00 lu-ju, 10.30-13.00 vi-sa*

Adega das Artes
46 F1

Tienda familiar en Madalena con un poco de todo, desde material de arte hasta recuerdos. *9.30-12.00 y 13.00-18.00 lu-vi, 10.00-13.00 y 14.00-17.00 sa*

Artesanía

Azulejos da Ponta da Ilha
47 D2

Empresa familiar que produce azulejos artesanales pintados a mano inspirados en las Azores. Horario variable. *10.00-18.00 lu-sa*

Barro & Barro
48 D2

Taller y tienda de cerámica en Ribeirinha que vende accesorios y artículos de decoración hechos a mano e inspirados en Pico. Horario variable. *10.00-18.00 lu-sa*

Sugerencias de lugares para comer, beber y comprar en **p. 120**

Tres 'fajãs'

En São Jorge se han cartografiado 74 *fajãs* (tierra o lava que se desliza por los acantilados hacia el mar, creando nuevas llanuras). En el pasado, en primavera y verano, los *jorgenses* (habitantes de São Jorge) se trasladaban temporalmente a las *fajãs* desde las tierras altas. En las zonas más aisladas, esa tradición aún se mantiene.

Fajã dos Vimes

PLANO: P. 112 **D4**

En la costa sur, Fajã dos Vimes se hizo famosa por su pequeña plantación familiar de café, la única en las Azores hasta principios de la década del 2000, cuando se creó otra en Terceira. En el patio trasero de los Nunes, numerosos arbustos de café arábica cubren cada centímetro de tierra disponible; el propietario, Manuel Nunes, guía con gusto a los visitantes por la propiedad y confiesa que, si no se apresura a recoger los granos que caen al suelo, enseguida brotan nuevas plantas. En la cafetería familiar se venden bolsas de café y se sirve un expreso 100% local.

CONSEJO

A dos de estas *fajãs* se puede llegar en coche y a una solo a pie o en *quad*. Para visitarlas todas de una vez, hay que reservar al menos un día completo.

Fajã dos Cubres

Vista desde arriba, Fajã dos Cubres parece una delgada franja de tierra que se extiende perezosamente hacia el océano. Su laguna es una de las dos que hay en São Jorge. Esta *fajã*, que debe su nombre a una pequeña flor amarilla endémica que solía crecer en el lugar, es accesible en coche, pero está aislada: la mayoría de la gente solo vive en ella en los meses más cálidos; el resto del año, la visitan para cuidar del ganado y hacer sus labores. Es un lugar tranquilo y soñoliento fuera de temporada, que vale la pena visitar para ver cómo es la vida en

JEROEN MIKKERS/SHUTTERSTOCK ©

PAUSA PARA UN CAFÉ
En Fajã dos Vimes, el **Café Nunes** (p. 120) es una parada obligatoria para tomar un expreso con café de la plantación Nunes y con una *queijada de inhame* (pastel de ñame) casera.

una *fajã*. Cuando el tiempo mejora, se convierte en una parada en el camino hacia o desde Fajã da Caldeira de Santo Cristo.

Fajã da Caldeira de Santo Cristo

Cerca de Cubres se halla la famosa Fajã da Caldeira de Santo Cristo. Al igual que su vecina, está apartada, aislada y tiene una laguna, pero esta tiene una abertura artificial al mar para promover el único criadero de almejas de las Azores. Solo se puede llegar a pie o en *quad*. Se hicieron planes para mejorar la carretera y hacerla accesible a automóviles, pero los residentes se opusieron. Abrirla al mundo destruiría su esencia, por eso el esfuerzo de llegar hasta ella es parte de su encanto.

EXPERIENCIAS

Conocer el patrimonio local en la Casa Museu Cunha da Silveira
MUSEO

PLANO: **1** P. 112 **A3**

En el centro de Velas, el museo etnográfico **Casa Museu Cunha da Silveira** exhibe artefactos y herramientas donados por familias, que ilustran los principales oficios de São Jorge: al igual que en las otras islas, la agricultura, la pesca, la caza de ballenas y la elaboración de vino eran la base de la economía. Para ver algo más específico de esta isla hay que subir a la sala 4, con exposiciones de mantas y colchas tradicionales de lana. Algunos artesanos todavía las tejen a la antigua usanza, a mano en grandes telares; estas piezas deben encargarse con anticipación, porque una simple manta grande tarda al menos un mes en completarse. En el mapa de la isla de la planta baja (sala 2) se detallan las antiguas tarifas de flete de los barcos para el transporte de mercancías.

Ver la costa desde un barco
EXCURSIÓN GUIADA

São Jorge es famosa por sus *fajãs* (p. 113), mucho más numerosas que en las otras islas. La mejor manera de verlas y entender cómo era (y, en muchos casos, sigue siendo) la vida en estas llanuras costeras aisladas es una excursión en barco por la costa (disponible solo en verano), que también permite ver las cascadas y los imponentes acantilados.

Descubrir la artesanía local en la Cooperativa de Artesanato
ARTESANÍA

PLANO: **2** P. 112 **B3**

En Ribeira do Nabo, una aldea a unos 10 km de Velas, una de las paradas obligatorias es la **Cooperativa de Artesanato Senhora da Encarnação,** una organización sin ánimo de lucro dirigida por mujeres. Las puertas están siempre abiertas los días laborables (es gratis) para mostrar los telares donde tejen las mantas y colchas tradicionales, hechas por encargo. Es imprescindible ir a la sala de atrás para comprar un recuerdo: casi todos están hechos en lana por estas mujeres, utilizando las mismas técnicas tradicionales de las mantas. La tienda ofrece una amplia selección de artículos,

LA MUDANZA

Antiguamente las familias locales se trasladaban temporalmente a finales de enero de sus casas en las tierras altas a las *fajãs,* llevando todas sus pertenencias (incluido el ganado) por empinados senderos. Algunas personas mantienen aún esa tradición y pasan los veranos en sus segundas residencias en las *fajãs.*

desde bolsos y bolsas aptos como equipaje de mano hasta preciosas chaquetas estilo kimono y almohadas. Y, por supuesto, también se pueden comprar las tradicionales colchas y mantas.

Probar las sabrosas 'espécies' GALLETAS TRADICIONALES

A diferencia de los dulces tradicionales de otras islas, las *espécies* no son una bomba de azúcar y huevo, y tienen un sabor peculiar por la cantidad de especias utilizadas (de ahí su nombre). Estas galletas finas con forma de herradura están rellenas con una pasta marrón a base de azúcar, mantequilla, canela, anís y pimienta. Aunque la combinación puede resultar extraña, funciona sorprendentemente bien con la galleta. Las *espécies* están disponibles en los supermercados de todo São Jorge, pero las mejores son las caseras que se encuentran en los cafés y en el mercado municipal de Velas (p. 121).

Visitar la factoría de Uniqueijo QUESERÍA
PLANO: **3** P. 112 **B2**

En São Jorge se elabora uno de los quesos más famosos de Portugal, con Denominación de Origen Protegida, lo que significa que, independientemente de dónde se produzca (hay tres queserías en São Jorge), debe cumplir los mismos principios de calidad y proceso de fabricación. Hay que reservar una visita guiada a **Uniqueijo**

(la de Topo es más famosa, por lo que la gente acude allí primero y puede ser más difícil reservar) para conocer el proceso de elaboración del queso (artesanal y laborioso). Equipados con un gorro, bata y bolsas para cubrir los zapatos, los visitantes pueden ver las diferentes fases de producción y aprender por qué unos quesos llevan la etiqueta de Queijo de São Jorge DOP y otros se venden como *queijo da ilha*. Al final espera una degustación (incluida en el precio) de tres productos. También se venden quesos a un precio más barato que en supermercados y tiendas especializadas.

Ver el campanario que sobrevivió a una erupción SITIO HISTÓRICO
PLANO: **4** P. 112 **C2**

En 1808, una violenta erupción volcánica destruyó Urzelina. La lava se abrió paso a través del pueblo hacia el mar, formando el cabo conocido hoy como Ponta da Urzelina. Todo quedó destruido excepto el campanario, la **Torre da Urzelina.** Este sitio histórico es de acceso gratuito y está abierto todo el año durante todo el día (la puerta no está cerrada). Verlo de cerca ayuda a entender cómo un hecho fortuito (que la torre se mantuviera en pie) pudo llevar a la población temerosa de Dios a creer que se debía a la intervención divina. Solo el camino entre la puerta y la torre es accesible al público; el terreno a ambos lados es propiedad privada.

Pasar una tarde en el Parque Florestal das Sete Fontes

PARQUE FORESTAL

PLANO: **5** P. 112 **A1**

Los altos cedros japoneses que bordean la carretera que va de Velas al **Parque Florestal das Sete Fontes** anuncian esta reserva forestal en Rosais, famosa por sus imponentes árboles. Es un lugar muy frecuentado por los lugareños en primavera y verano, y cuenta con zonas para pícnics y barbacoas, áreas de juegos para niños y una familia de ciervos en un recinto cercado (se pueden visitar, pero no alimentar ni acariciar). Es un lugar genial para pasar la tarde, antes o después de visitar el faro abandonado cercano. Suele estar lleno en temporada alta (jul-sep) y los fines de semana.

Visitar el Farol dos Rosais abandonado

FARO

Hay que dejar el coche en el Parque Florestal das Sete Fontes y caminar (unos 5 km por un camino de tierra llano en su mayor parte) para ver el faro abandonado de **Farol dos Rosais** (PLANO: **6** P. 112 **A1**), en Ponta dos Rosais, en el extremo oeste de la isla. Construido en 1958, fue abandonado en 1980 después de que aparecieran grietas en el suelo provocadas por uno de los terremotos más violentos de las Azores en los últimos años. La finca es propiedad del Gobierno y, como no es del todo seguro acercarse, está cerrada, pero puede verse el faro desde la puerta. Para ver mejor el lugar hay que ir a la cima del mirador cercano, el **Miradouro da Vigia da Baleia** (PLANO: **7** P. 112 **A1**).

Ir a Topo, la primera localidad de la isla

EXCURSIÓN DE UN DÍA

Topo es la localidad más antigua de São Jorge; fue donde desembarcaron y vivieron los primeros colonos. Es famosa por su quesería (pueden visitarse las instalaciones previa reserva y hacer una cata) y por su islote privado homónimo, **Ilhéu do Topo** (PLANO: **8** P. 112 **F1**), a 100 m de la costa, donde pastan ovejas (y vacas en el pasado) y que pronto será una reserva natural estatal. Si se va a Topo un miércoles por la tarde, el **Farol do Topo** (PLANO: **9** P. 112 **E1**) está abierto a los visitantes; la entrada es gratuita y permite disfrutar de vistas del

 LAS TRES QUESERÍAS

La producción del famoso Queijo de São Jorge se distribuye entre tres queserías repartidas por la isla. Aunque la variedad DOP es la misma en las tres y se comercializa como tal, el *queijo da ilha* (que no cumple las normas de la DOP) lleva el nombre de cada quesería: Lourais, Finisterra (Topo) y Uniqueijo (Beira). Los lugareños afirman que la leche produce ligeras variaciones entre los tres tipos; para comprobarlo habrá que probarlos.

pueblo y el islote. Cualquier otro día de la semana, se puede ver el islote desde el **Miradouro do Topo** (PLANO: **10** P. 112 **E2**).

Entrar en la iglesia más bonita de la isla

IGLESIA

PLANO: **11** P. 112 **C3**

Al contemplar la sencilla fachada encalada de la **Igreja de Santa Bárbara,** en Manadas, cabe suponer que el interior es igual al de las demás iglesias barrocas que se ven en Portugal, lo que explica por qué poca gente la visita. Sí, hay paneles de azulejos azules y blancos que representan vidas de santos, tallas de madera dorada que cubren cada altar y rodean cada estatua con un halo dorado, y pinturas sombrías y dramáticas en las paredes. La singularidad de esta iglesia radica en su púlpito, hecho en piedra en lugar de madera tallada, pintado con efectos de trampantojo para imitar el mármol, un material no disponible en las Azores. Sin olvidar el intrincado techo de frescos y relieves detallados, que no se ve en ningún otro lugar de las islas.

Ir al centro cultural Museu Francisco de Lacerda de Calheta

MUSEO

Este museo de Calheta, ubicado en una antigua fábrica de conservas, es uno de esos lugares en los que el edificio llama más la atención que las colecciones que alberga, pero vale la pena dedicar 1 h a visitar el **Museu Francisco de**

Lacerda (PLANO: **12** P. 112 **D3**). Debe su nombre a un compositor y director de orquesta nacido en São Jorge con una notable carrera internacional en Francia y Suiza, de ahí que dedique algunas de las exposiciones a la música (a las obras de Lacerda y a las bandas y tradiciones folclóricas locales). Debido al pasado industrial del edificio, también hay exposiciones sobre la industria conservera local. Si se dispone de tiempo hay que ver las exposiciones temporales, con sorprendentes muestras de artistas locales. El museo también tiene una programación cultural ecléctica, incluido un festival de una semana en septiembre dedicado a Lacerda. **Encontros Sonoros Atlânticos** (PLANO: **13** P. 112 **D3**) se celebra al mismo tiempo en Lisboa, São Miguel y Terceira.

Perderse haciendo barranquismo

BARRANQUISMO

El popular deporte extremo que consiste en dejarse llevar por la corriente de un arroyo y descender en rápel se popularizó en São Jorge a principios de la década de 1990. Hoy, la isla es uno de los mejores lugares de las Azores para practicar **barranquismo.** Es la actividad al aire libre que mejor aprovecha los espectaculares acantilados de São Jorge. Hay muchas empresas locales certificadas dedicadas al barranquismo, y puede hacerse por cuenta propia si se dispone de experiencia.

INDUSTRIA CONSERVERA EN SÃO JORGE

De las dos fábricas de conservas de pescado fundadas en São Jorge a principios del s. xx, solo la Fábrica de Santa Catarina, en Calheta, sigue activa (tras un período de dificultades financieras). Su producto principal es el atún, conservado con distintas salsas y hierbas o en aceite de oliva. Su calidad y sus técnicas de conservación artesanal le han dado a Santa Catarina fama internacional.

Nadar en la Poça Simão Dias PISCINA NATURAL

La piscina natural más pintoresca de São Jorge (y quizá de las Azores) es la **Poça Simão Dias** (PLANO: **14** P. 112 **C2**) en **Fajã do Ouvidor** (PLANO: **15** P. 112 **C2**). Se puede ir en coche hasta esta *fajã* y aparcar cerca, pero a la piscina se llega a pie por un sendero corto, pero accidentado, tallado en las rocas. Sin embargo, la famosa vista y el contraste perfecto del azul profundo del agua con el negro intenso de la costa de basalto merecen el esfuerzo. Fajã do Ouvidor es un destino popular en verano, y esta es una de las pocas piscinas naturales con una variedad de restaurantes y cafeterías cerca, por lo que suele haber mucha gente por las tardes en temporada alta.

Celebrar la Semana Cultural das Velas FESTIVAL

PLANO: **16** P. 112 **B2**

La **Semana Cultural das Velas** marca el inicio del verano en las islas del Triángulo a principios de julio. El programa suele incluir una variedad de géneros musicales para un público diverso que se reúne cada noche durante tres días en el escenario principal del Palco dos Pescadores. Los puestos de bebida, comida y fruslerías se alinean en el paseo marítimo de Velas durante el evento, así como pequeños bazares de artesanos y artistas locales.

Divertirse en el Festival de Julho FESTIVAL

PLANO: **17** P. 112 **D3**

A mediados de julio, Calheta acoge el **Festival de Julho.** Los habitantes de la zona y de las islas vecinas acuden en masa a São Jorge para asistir a este evento estival. El programa combina conciertos de artistas pop locales, marchas populares (desfiles callejeros coreografiados) y música folclórica tradicional que atrae a multitudes de todas las edades y gustos. Los asistentes pueden degustar delicias locales en puestos de comida y ver eventos deportivos en un ambiente relajado.

Lo mejor para...

Ⓔ Económico   ⒺⒺ Medio   ⒺⒺⒺ Alto

Localizaciones en el plano de la **p. 112**

Comer

Desayuno y 'brunch'

Suspiro Pastelaria Ⓔ

18 A3

Esta acogedora cafetería de Velas, con pasteles caseros y pan recién horneado, sirve bocadillos y tostadas, además de jugo de naranja fresco y café. *8.00-18.00 lu-vi*

Olhar Ilhéu Ⓔ

19 E2

Este relajado café con vistas al Ilhéu do Topo sirve bocadillos y tostadas; también es un gran sitio para probar (o comprar) los *espécies,* los dulces locales. *9.00-23.00 ju-ma*

Café Nunes Ⓔ

20 D3

Cafetería familiar en Fajã dos Vimes donde se puede probar un expreso elaborado con café cultivado en su propiedad y comprar café molido. *7.00-24.00*

Santo Cristo Clams

O Spot ⒺⒺ

21 D3

Local de temporada, tranquilo y acogedor en el centro de Fajã dos Cubres. Sirve principalmente *petiscos* (tapas), incluidas las famosas almejas, además de bocadillos y comida rápida. *11.00-21.30 do-ju, 11.00-24.00 vi-sa*

Amílcar ⒺⒺⒺ

22 C2

Famoso por sus mariscos frescos y lapas, este restaurante en Fajã do Ouvidor también sirve almejas locales. Ideal para una comida ligera después de nadar en la cercana Poça Simão Dias. *12.00-15.30 y 18.30-21.30 mi-lu*

O Borges ⒺⒺⒺ

23 D3

Este restaurante de temporada es uno de los dos que hay en Fajã da Caldeira de Santo Cristo y es famoso por sus almejas. Reserva obligatoria. *12.00-17.00 y 19.00-21.00*

Cocina tradicional

Açor ⒺⒺⒺ

24 B3

Restaurante céntrico en Velas especializado en marisco y pescado del día a la plancha, con un par de buenas opciones de carne. Es uno de los pocos de la ciudad que abre toda la semana fuera de temporada alta. *8.00-22.00*

Restaurante Velense ⒺⒺ

25 B4

Restaurante informal cerca del centro de Velas y de la terminal de ferris que sirve sobre todo platos a base de pescado. Ofrece *prato do dia* (menú) para el almuerzo. *9.00-21.00*

Fornos de Lava ⒺⒺ

26 B2

Este restaurante en Santo Amaro, con reserva obligatoria, es famoso por sus vistas, sus *cataplanas* (guiso de pescado) y su filete con costra de queso local. *19.00-24.00 ju-ma*

Comida económica

Flor do Jardim ⓔ
27 B3

Restaurante con terraza abierto hasta la madrugada cerca del Jardim da República, en Velas, que sirve hamburguesas y *petiscos*. Opciones vegetarianas. *8.00-2.00*

Pizzaria Austrália ⓔ
28 B3

Concurrido restaurante familiar en el centro de Velas con una amplia variedad de *pizzas* y hamburguesas, incluidas algunas opciones vegetarianas. Se puede pedir para llevar. *11.30-14.30 y 17.00-22.00 lu-sa*

Snack Bar O 30 ⓔ
29 B2

Restaurante acogedor con buena relación calidad-precio donde se puede elegir entre una gran variedad de *petiscos,* bocadillos y ensaladas. Hay opciones veganas y vegetarianas. *8.30-23.00 lu-vi*

Beber

Bebidas y 'petiscos'

Manezinho
30 C3

Bar-restaurante de tapas apto para familias en

Urzelina con música en vivo ocasional y un ambiente informal con obras de arte de los propietarios. *17.00-2.00 mi-do*

Apneia Bar
31 A4

Bar informal con vistas al interior de un antiguo fuerte en el paseo marítimo de Velas. Ideal para una cerveza fría o una copa de vino con *petiscos. 10.00-24.00 lu-vi*

SunSet Bar
32 C3

En Urzelina, con terraza para bebidas informales y *petiscos. 16.00-24.00 ma-ju, 16.00-2.00 vi-sa*

Comprar

Artesanía

Cooperativa de Artesanato Senhora da Encarnação
véase **2** B3

Taller de artesanía local gestionado por mujeres para comprar mantas, colchas y otros recuerdos artesanales tradicionales de São Jorge. *9.00-12.00 y 13.00-17.00 lu-vi*

Comida y alimentos

Fábrica de Conservas de Santa Catarina
33 D3

En Calheta, frente a la fábrica de conservas Santa Catarina, hay una pequeña tienda que vende diferentes variedades de atún enlatado. *8.30-17.00 lu-vi*

Uniqueijo
véase **3** B2

Una de las tres queserías de la isla donde comprar el famoso Queijo de São Jorge. También se venden las variedades sin DOP, conocidas como *queijo da ilha,* y productos locales. *9.00-17.00 lu-vi*

Mercado municipal de Velas
34 A3

El mejor lugar en Velas para comprar los dulces locales, *espécies. 9.00-13.00, sa una vez al mes*

Queijaria Canada
35 B2

Esta quesería familiar es la única de São Jorge con una pequeña producción totalmente artesanal de vino local. *7.00-12.00 y 13.00-15.00*

Sugerencias de lugares para comer, beber y comprar en **p. 136**

Explora
Flores y Corvo

Reservas de la Biosfera de la Unesco desde principios de los años 2000, Flores y Corvo son las islas más remotas de las Azores, situadas muy al oeste, lejos de las otras siete islas. Durante siglos (desde que llegaron los primeros portugueses a finales del s. xv), sus habitantes han logrado vivir de la tierra contra todo pronóstico. Corvo, con menos de 400 habitantes, es la isla más pequeña del archipiélago; los primeros descubridores la cartografiaron como un islote perteneciente a Flores. Las estrechas calles adoquinadas de su única localidad reflejan la unión de la comunidad local. Flores, con sus lagos vírgenes y acantilados siempre verdes, desde donde decenas de arroyos caen en cascada al mar, es un paraíso para los amantes de la naturaleza.

Cómo desplazarse

🚗 Coche de alquiler
En Flores, conducir es la mejor manera de hacer turismo por cuenta propia. En Corvo no hay empresas de alquiler de automóviles.

🚕 Taxi
Solo los hay en Flores. Contratarlos por días (tarifa fija) es una buena opción si no se conduce.

⛴ Ferri
La mejor manera de viajar entre Corvo y Flores es con la compañía Atlántico Line, que opera ferris todo el año.

🚶 A pie
En Corvo, todo está cerca y los principales lugares de interés están a una corta distancia a pie.

Corvo (p. 128).

WESTEND61/GETTY IMAGES ©

LO MEJOR

Perderse en las calles adoquinadas de **VILA DO CORVO** (p. 128).

Ver la puesta de sol en el punto más occidental de Europa, en **FAJÃ GRANDE** (p. 130).

Caminar hasta el lugar más hermoso y fotografiado de Flores, **POÇO DA RIBEIRA DO FERREIRO** (p. 131).

Recorrer el cráter con una ruta en torno a **CALDEIRÃO** (p. 128).

Un paseo por Santa Cruz das Flores

Santa Cruz es una apacible localidad costera, incluso cuando los vientos invernales lanzan violentas olas a sus costas. Un paseo matutino demuestra lo tranquila que es la vida en el lugar. En los meses más cálidos, las familias llenan los parques o pasean junto al mar para tomar el fresco en las noches calurosas.

INICIO	FINAL	DURACIÓN
Parque Boavista	Bahía de São Pedro	2,5 km; 1 h

❶ Vistas de la ciudad

El paseo empieza en el **parque Boavista,** desde donde se ve la mayor parte de Santa Cruz das Flores, con la iglesia principal como protagonista. Hay que disfrutar de las vistas de la ciudad y la bahía antes de ir a la avenida Príncipe do Mónaco.

❷ Plaza arbolada

Hay que desviarse por el jardín público de Santa Cruz (con un estanque con forma de flores) y dirigirse a **Praça Marquês de Pombal.** Viejos robles rodean la plaza principal adoquinada de la ciudad, donde la gente se reúne a la sombra para hablar de política y fútbol.

❸ Poeta local

Al caminar por Rua da Conceição hacia una pequeña plaza cerca de la iglesia se ve la **estatua** del poeta local Roberto de Mesquita cerca de su casa. Los poemas de este autor simbolista de principios del s. xx eran melancólicos y desolados, relacionados con la vida aislada en las Azores.

❹ Puertos pesqueros

Siguiendo la calle se llega a la avenida Diogo de Teive. A la derecha está el pequeño puerto pesquero de **Porto das Poças,** que ahora se utiliza como muelle de ferris y barcos turísticos. Por la avenida de la costa se llega al **Porto Velho,** el puerto más pintoresco de Santa Cruz y donde los lugareños nadan en verano.

❺ Barrio francés

Al subir por Rua Senador André de Freitas, la calle con más comercios y servicios públicos, girando a la derecha por Rua Almirante Gago Countinho y tomando luego la primera a la derecha, se llega al corazón del antiguo **Bairro dos Franceses,** donde los militares franceses vivieron y trabajaron en la isla entre 1965 y 1993 (p. 134). Aunque sus instalaciones estaban separadas de las de los portugueses, estaban muy integrados y los lugareños recuerdan esos años con cariño. Hoy, solo un hotel los mantiene vivos.

❻ Bahía pintoresca

Hay que pasear por el barrio y bajar Rua da Esperança, pasar el aeropuerto y el campo de fútbol, y admirar la vista de la bahía de São Pedro con Corvo al fondo desde el **Miradouro da Costa Nordeste.**

Véase "Vila do Corvo"

Vila do Corvo

Más información

Imprescindible ⭐ p. 128
Experiencias 🎡 p. 130
Comer 🍴 p. 136
Beber 🍺 p. 137
Comprar 🛍 p. 137

N 0 ────── 5 km

Océano Atlántico Norte

Ilha do Corvo
Monte Gordo
Lagoa do Caldeirão
Caldeirão
Miradouro Monte Gordo
Vigía (João Moura)
Corvo
Miradouro do Morro dos Homens
Lagoa Artificial de Cima
Parque de Merendas
Reserva Biológica do Corvo

Océano Atlántico Norte

Ilha do Corvo
Miradouro do Portão
Centro de Interpretação de Aves Selvagens do Corvo
Artesanato do Corvo
Festival dos Moinhos
Porto da Casa
Porto da Casa
Aeródromo do Corvo
R. da Matriz
R. do João
R. da Bola
Cemitério do Corvo
Reserva Biológica do Corvo
Praia da Areia
R. da Cruz
R. Padre Eugénio Ring

Océano Atlántico Norte

0 ────── 500 m

Santa Cruz das Flores

Ilha das
Flores

Océano
Atlántico
Norte

Baixo das Francesas

R. das Carvoeiras

R. Santo André de Freitas

R. Atmirante Gago Coutinho

Av Diogo de Teives

R. de Conceição

Travessa
da Rosa

Travessa
da Rosa

Museu
das
Flores

Praça Marquês
de Pombal

Aeroporto
das Flores

R. Frei Diogo das Chagas

R. da Cruz das Flores

R. do Santo Cruz

Reserva Natural
do Ilhéu
de Maria Vaz
Ilhéu
Maria Vaz

Ilhéu João
Martins

Ilhéu do
Monchique

Ilhéu dos Ilhéu da
Abrões   Muda

Reserva Natural
do Morro Alto
e Pico da Sé

Cemitério
de Ponta
Delgada

Caminho Florestal Pico
da Burrinha - Ladeiras

Caminho Florestal
Rochão do
Junco - Alto da Cova

Reserva
Florestal
Luís Paulo
Camacho

Bahia
de Alagoa

Ilhéu
Furado

Ramal de
Ponta Ruiva

R. da Monte

Praça
Marquês
de Pombal

Travessa de
São José

Ilha das
Flores

Morro
Alto

Pico dos
Sete Pés

Pico da
Casinha

Estrada Regional 2-2

Vales

Estrada Regional 1-2

Estrada Filinha Velha

R. da Filinha Velha

Reserva Florestal de
Recreio da
Boca da Baleia

Festa do
Emigrante

Lagoa
Seca

Lagoa
Negra

Lagoa
Branca

Poço do
Bacalhau

Praia Fajã
Grande

Fajã
Grande

Miradouro do
Portal

Cueva do pirata
de Mosteiro

Caldeira do Mosteiro

Poço da
Ribeira do
Ferreiro

Miradouro Rocha
dos Bordões

Rocha dos Bordões

Monumento
Natural da
Rocha dos Bordões

Lagoa
Comprida

Lagoa Rasa

Lagoa
Funda

Lagoa da
Lomba

Boca da
Baleia

Bugio

★ **IMPRESCINDIBLE**

Corvo

Con una superficie de apenas 17,1 km² y un puñado de lugares de interés imprescindibles, Corvo puede recorrerse en un día o menos. Pero hace falta al menos un fin de semana para captar la esencia de la isla más remota de las Azores.

PLANO: P. 126 **D1**

CONSEJO

El ferri de Flores a Corvo es cómodo, pero para disfrutar más de la experiencia hay que reservar una excursión en barco: la duración es similar, en torno a 45 min.

Escanea este código QR para acceder al horario de ferris entre Flores y Corvo.

Caldeirão

Lagoa do Caldeirão es la única laguna de la isla; verla puede ser una tarea difícil en cualquier época del año: las nubes bajas pueden impedirlo, y los vientos pueden ser fríos y muy fuertes. Hay que conducir 6,1 km (o pagar 10 € por persona para ir con guía) y tener paciencia; se debe mantener la posición un rato, aunque solo se vea el cráter cubierto de musgo. Si se dispone de tiempo, hay que seguir por la misma carretera para ver las tierras de cultivo y los pastos para vacas de los alrededores. Más de 300 lugareños viven junto a la costa, en la única localidad de Corvo. También hay un sendero de 5 km que lleva alrededor y al volcán inactivo (p. 132).

Vila do Corvo

Al bajar hay que detenerse para contemplar la vista desde el **Miradouro do Portão:** casas encaladas con tejados de terracota se amontonan en lo alto de un acantilado sobre el puerto, mientras la pista del aeropuerto atraviesa la localidad desde **Porto da Casa** hasta la playa. La carretera zigzaguea cuesta abajo hasta el conjunto de estrechas calles adoquinadas donde hay que pegarse a las paredes para dejar paso a los ocasionales coches. Merece la pena deambular sin rumbo por estas calles, buscando la

HOMO COSMICOS/SHUTTERSTOCK ©

salida de los callejones, un trazado que protegía a los *corvinos* (residentes de Corvo) de las tormentas y los piratas.

Praia da Areia

De vuelta al mar, desde el puerto (uno de los dos puntos de entrada a Corvo; el otro es el aeropuerto), el Caminho dos Moinhos, junto al mar, conduce a los tres molinos de viento que quedan en la isla, con Flores al fondo. Y más abajo, con la parte más urbana de Corvo a la espalda, está la Praia da Areia, de arena negra, la única playa de Corvo, la isla más pequeña y remota de las Azores, donde la gente ha sobrevivido a tormentas en tiempos recientes y a sangrientos ataques piratas en el pasado con la misma entereza que los antiguos navegantes portugueses.

EXPERIENCIAS

Ver los siete lagos de Flores LAGO

Completamente vírgenes, los **siete lagos de Flores** conforman la atracción turística más popular (y esquiva) de la isla. Es habitual que, tras visitar un grupo de lagos, el siguiente (aunque esté cerca) ya esté oculto bajo un manto de niebla y nubes bajas. Se necesita paciencia para esperar a que las condiciones mejoren un poco, aunque no se vea gran cosa: "Suerte con el tiempo" es una expresión recurrente. Para planificar el viaje, hay que tener presente la disposición de los lagos: **Negra** (PLANO: ❶ P. 126 **B7**), **Comprida** (PLANO: ❷ P. 126 **B7**), **Branca** (PLANO: ❸ P. 126 **B7**) y **Seca** (PLANO: ❹ P. 126 **B7**) están agrupados. **Funda** (PLANO: ❺ P. 126 **B7**) y **Rasa** (PLANO: ❻ P. 126 **B7**) están cerca. La **Lagoa da Lomba** (PLANO: ❼ P. 126 **B7**) está aislado y separado del resto.

Ver atardecer en Fajã Grande PUESTA DE SOL

No es un tópico: ver la puesta de sol en Fajã Grande es una experiencia inolvidable. En cualquier punto cerca del mar en un día despejado se ve cómo el sol se pone lentamente, convirtiendo el agua

en oro líquido. Al tratarse de su extremo más occidental, es la última puesta de sol de Europa.

Asistir al Festival dos Moinhos en Corvo FESTIVAL

PLANO: ❽ P. 126 **E3**

El Festival dos Moinhos, que se celebra a mediados de agosto, coincidiendo con la festividad de la Asunción de la Virgen, el día 15, se acerca a su vigésima edición. La población de Corvo casi se duplica, ya que acude gente de la vecina isla de Flores y de la diáspora en los Estados Unidos. A pesar de los problemas logísticos (escaso alojamiento y aviones pequeños), hay una programación variada de conciertos de bandas locales. Para comer y beber durante el festival, hay que ir a los puestos del campo de fútbol de Vila do Corvo.

Visitar la idílica Rocha dos Bordões FORMACIÓN ROCOSA

La formación rocosa más famosa de Flores está sobre la carretera de Santa Cruz a Lajes. **Rocha dos Bordões** (PLANO: ❾ P. 126 **B7**), exclusiva de esta isla, es visita obligada en

---

 LA ISLA Y EL MUNDO

El primer libro del poeta de Fajã Grande Pedro da Silveira, *A ilha e o mundo* ("La isla y el mundo", 1952), reflejaba muy bien el conflicto de los habitantes de las islas remotas: atrapados entre la tierra y el mar, sienten la necesidad de partir y recorrer el mundo, pero viven con dolor la imposibilidad de regresar a casa. Su triste relato de la vida en la isla es una de las obras más importantes de la literatura de las Azores.

🚢 EL NAUFRAGIO DEL 'SLAVONIA'

En junio de 1909, el transatlántico *Slavonia* zarpó de Nueva York rumbo a Trieste (Italia) con casi 800 personas a bordo. Al parecer, los pasajeros de primera clase pidieron al capitán que se desviara a las Azores para hacer turismo, pero las corrientes y una espesa niebla hicieron que el barco chocara con las rocas; dos barcos cercanos y los habitantes de Flores rescataron a la tripulación y a los pasajeros. En una tierra sin electricidad y donde la vida era complicada, muchos isleños buscaron en el *Slavonia* comida, ropa, artículos para el hogar y todo lo que ser útil. Algunas familias han transmitido estas preciadas posesiones de generación en generación; otros artículos fueron donados al museo local.

Flores. Todo el mundo toma la icónica fotografía desde el **Miradouro Rocha dos Bordões** (PLANO: ⑩ P. 126 **B7**), unos 500 m antes del lugar viniendo desde Lajes, la mejor vista es desde abajo; no es un mirador oficial, pero si se puede estacionar de manera segura en el arcén, es la mejor perspectiva.

Caminar hasta Poço da Ribeira do Ferreiro   SENDERISMO

PLANO: ⑪ P. 126 **B7**

Accesible solo a pie (hay un aparcamiento gratuito cerca) a través de un camino de roca resbaladiza empinado al principio (se recomiendan botas de montaña o zapatos con buen agarre), Poço da Ribeira do Ferreiro (o Lagoa das Patas, como la llaman la mayoría de los lugareños) era el secreto mejor guardado de Flores hasta que las Azores se convirtieron en un destino popular y el lugar se hizo famoso en Instagram, y con razón. Al final del camino, las cascadas caen por acantilados verdes hasta un estanque antes de que los arroyos lleven el agua al mar. En temporada alta, ya no es el lugar tranquilo y apartado que solía ser, y la mayoría de la gente solo se queda el tiempo de hacer unas fotos, pero no hay prisa: si el clima acompaña y se dispone de tiempo, vale la pena verlo con calma.

Descubrir la artesanía de Corvo   ARTESANÍA

PLANO: ⑫ P. 126 **E3**

Más que recuerdos únicos, las *fechaduras* (cerraduras de madera) y las *barretas* (gorros de lana) de Corvo simbolizan casi 500 años de vida comunitaria. Cabe pensar que una cerradura de madera (aún quedan algunas en la isla) es poco segura, pero este era el único material disponible y, en realidad, servían más para mantener las puertas cerradas en días de viento que para disuadir a los intrusos. Los gorros de lana (azul marino con ribete blanco y un pompón en la parte superior) fueron llevados a la isla por marineros que habían trabajado en barcos balleneros

((C* EN LA TIERRA, NO EN LA LUNA

En el 2007, el realizador portugués Gonçalo Tocha y el técnico de sonido Dídio Pestana viajaron a Corvo para documentar la vida cotidiana en la isla más pequeña y remota de Portugal. Recibidos por los lugareños como si fueran familia, Tocha y Pestana se ganaron su confianza e incluso se convirtieron en vecinos honorarios. El documental *É Na Terra Não É Na Lua* ("En la Tierra, no en la Luna") ganó premios tras su estreno en festivales de cine independiente en el 2011 y mostró un lado diferente de Corvo al mundo, en el que la vida es como en otros lugares, y no su representación más habitual como un sitio aislado y alejado del mundo, poniendo a la pequeña isla y a su gente en el mapa.

estadounidenses, aprendieron a tejerlos y enseñaron la técnica a sus esposas al regresar a casa. Los artesanos certificados Aparas de Madeira (p. 137) y Artesanato do Corvo fabrican y venden las *fechaduras* y *barretas* oficiales.

Completar la ruta a Caldeirão   SENDERISMO

Con solo dos **rutas de senderismo,** hay que optar por la de Caldeirão (p. 128) si se desea caminar y se dispone de poco tiempo. La ruta circular tiene casi 5 km y baja hasta el cráter del volcán inactivo y luego lo rodea. Si no se dispone de las 2½ que se necesitan para completarla o el tiempo está demasiado nublado, se puede bajar a la laguna y luego subir para al menos ver Caldeirão. Es un descenso musgoso y húmedo la mayor parte del camino, con vacas pastando al fondo.

Ver aves locales y raras en Corvo   AVISTAMIENTO DE AVES

PLANO: **13** P. 126 **E3**

Entre octubre y noviembre, observadores de aves de todo el mundo acuden a Corvo para tener la oportunidad de avistar más de 50 especies diferentes, incluidas algunas raras que suelen verse solo aquí y en el Ártico. Algunas especies autóctonas aparecen únicamente en verano y otras se pueden encontrar todo el año. Con poca intervención humana en el paisaje y bajos niveles de contaminación acústica, la isla es refugio y principal destino de las Azores para la observación de aves. Si se viaja a Corvo en temporada o se desea preparar una primera experiencia, hay que visitar el **Centro de Interpretação de Aves Selvagens do Corvo** para obtener más información sobre las aves que se pueden ver.

Ver el bacalao en el Poço do Bacalhau
CASCADA

PLANO: 14 P. 126 **A6**

Bacalhau es, probablemente, una de las palabras portuguesas más conocidas, ya que hace referencia a un pescado muy popular. Darle ese nombre a la laguna formado por una cascada de 95 m de altura en Fajã Grande, lejos del océano, puede parecer extraño. No hay truco, ni significado oculto, ni **Poço do Bacalhau** estuvo nunca repleto de bacalaos; es solo que, desde cierto ángulo, se puede ver una forma triangular en la roca que recuerda a un bacalao salado. Para ver la cascada hay que recorrer un sendero de unos 200 m desde la carretera. En verano, es posible bañarse.

Visitar la tumba del pirata en Mosteiro
CEMENTERIO

PLANO: 15 P. 126 **A7**

En el **Cemitério do Mosteiro,** en el pueblo homónimo de Flores, destaca una tumba, decorada con una calavera y dos tibias cruzadas. La lápida marca el lugar de enterramiento de António Freitas, conocido como el pirata de Flores. La historia de Freitas es turbia y la falta de registros alimenta la leyenda. Se cree que a principios del s. XIX, cuando todavía era un adolescente, viajó a Macao, donde hizo fortuna en dudosos negocios. Después de regresar a Flores con su esposa e hijos, donó dinero para construir la iglesia de Mosteiro y el cementerio donde está enterrado. La inusual decoración de la lápida y la incertidumbre sobre a qué se dedicaba Freitas son las únicas cosas que apuntan a que podría tratarse de un pirata.

Probar los buñuelos de algas
COMIDA TRADICIONAL

Muchos de los platos básicos de las islas occidentales muestran lo acostumbrados que estaban los lugareños a arreglárselas con lo que había en las islas. Un ejemplo son las famosas *tortas de erva do calhau* (buñuelos rellenos con el alga local *erva-patinha* o *nori* del Atlántico, fácil de encontrar y recolectar en Corvo y Flores). Su sabor es fuerte y no es el alimento más atractivo a la vista, no es un plato que guste a todo el mundo, pero es una experiencia auténtica. En verano, la mayoría de los restaurantes de cocina tradicional lo incluyen en el menú, pero en caso contrario hay que preguntar.

Ver las ruinas de Caldeira do Mosteiro
ALDEA ABANDONADA

PLANO: 16 P. 126 **A7**

Construida en el cráter de un volcán inactivo a principios del s. XIX, **Caldeira do Mosteiro** era una pequeña aldea en la que vivían unas diez familias. Poco a poco, la gente se fue a otros lugares, a Flores y a los Estados Unidos (la última persona, en 1992). Desde entonces, el abandono y la naturaleza se han apoderado de las casas. Puede verse el pueblo desde la carretera Estrada da Caldeira o bajar para verlo más de cerca.

Celebrar la Festa do Emigrante

FESTIVAL

PLANO: **17** P. 126 **C8**

La tercera semana de julio, Lajes acoge la **Festa do Emigrante.** Este evento, que combina una celebración religiosa con un festival de verano, cambió su nombre en 1986 en honor a los inmigrantes que regresan a las islas para pasar el verano. Hay conciertos, DJ, desfiles y competiciones deportivas durante una semana.

Fotografiar el punto más occidental de Europa

ISLOTE

PLANO: **18** P. 126 **A6**

Al oeste, Europa termina en el Ilhéu do Monchique, un islote con forma de aleta frente a la costa de Flores que se puede ver desde Fajã Grande o fotografiar de cerca si el clima es lo bastante bueno para una excursión en barco alrededor de la isla. Más allá de este islote,

no hay nada más que océano hasta llegar a Estados Unidos, lo que aumenta la sensación de aislamiento sobre la que escribió el poeta local Pedro da Silveira.

Pasar una tarde en el Parque da Fazenda

PARQUE FORESTAL

PLANO: **19** P. 126 **C6**

En el valle de Fazenda, a 4 km de Santa Cruz, la **Reserva Florestal Luís Paulo Camacho** (también llamada Parque da Fazenda) es la versión de Flores de un jardín botánico con algo de zoo, aunque la mayoría de los animales deambula libremente. Un camino de rocas lleva a los visitantes desde la entrada (los niños se sentirán inmediatamente atraídos por el colorido parque infantil tras el aparcamiento) hasta las mesas de pícnic a través de zonas valladas para los animales, con alguna familia de pavos reales que se acerca a saludar. Los lugareños acuden en verano para hacer barbacoas, comer en pícnics y relajarse en la naturaleza.

 LOS FRANCESES EN FLORES

En 1964, pese a las diferencias políticas entre Francia y Portugal (por entonces una dictadura), ambos países firmaron un acuerdo para instalar una base francesa en Flores. Los primeros funcionarios llegaron un año después y durante las tres décadas siguientes esta comunidad se mezcló con los lugareños y conectó Flores con un mundo exterior más sofisticado y menos oprimido. También sirvió para llevar la electricidad a las partes más aisladas de la isla y construir carreteras, el aeropuerto y el hospital, instalaciones que hasta entonces no habían sido una prioridad para el Gobierno portugués.

Conocer la historia local en el Museu das Flores

MUSEO

PLANO: 20 P. 126 **E7**

Una parte de la colección del museo local surgió gracias al interés de un hombre por preservar la historia y el patrimonio locales. Pequeño y fácil de visitar en 1 h, el **Museu das Flores** tiene exposiciones detalladas sobre los tres acontecimientos que conformaron la isla: los ataques piratas en los siglos XV y XVI, el naufragio del *Slavonia* en 1909 y los militares franceses y sus familias que vivieron en la isla durante casi tres décadas. El resto de las exposiciones se centra en la industria ballenera y en la vida cotidiana en el pasado.

Ir en barco de Flores a Corvo

EXCURSIÓN GUIADA

Un paseo en barco sin prisas de Flores a Corvo es la mejor manera de conocer el litoral isleño. Y la conexión con Corvo es más potente cuando se llega por mar, ya que Vila do Corvo está encaramada en el acantilado sobre Porto da Casa (p. 128). A diferencia de otras excursiones que se centran más en hacer turismo, hacer el trayecto entre las islas permite avistar delfines y alguna ballena ocasional, un buen complemento a los secretos de cada cala de Flores.

Nadar en las aguas cálidas de Fajã Grande

PLAYA

PLANO: 21 P. 126 **A6**

El antiguo puerto pesquero de **Fajã Grande,** con una pequeña franja de arena negra donde tender una toalla y tomar el sol, es uno de los lugares favoritos de los lugareños para nadar en verano; algunos tienen allí segundas residencias. Pero las cálidas aguas de la playa, protegidas de las fuertes corrientes, no son la única razón para la visita; las cascadas y los altos acantilados del fondo también son atractivos. Para los niños, hay una piscina artificial poco profunda de agua de mar cerca del bar y el restaurante.

Lo mejor para...

€ Económico €€ Medio €€€ Alto

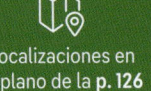

Localizaciones en el plano de la p. 126

Comer

Pescado y marisco

Moreão €€

22 F7

Restaurante informal en el centro de Santa Cruz especializado en pescado fresco y de temporada. *11.30-16.00 y 19.00-24.00 lu-sa*

Mergulhador €€

23 F7

Restaurante familiar de ambiente relajado, famoso por sus platos de carne y pescado fresco a la parrilla. Opciones vegetarianas. *12.00-15.00 y 18.30-22.00*

Cocina tradicional

Pôr-do-Sol €€

24 A7

Restaurante de Fajãzinha para disfrutar de la cocina tradicional con vistas. La *linguiça com inhames* (salchicha con ñame) y la *feijoada* (guiso de cerdo y judías) son platos populares. Hay que reservar. *12.00-14.00 y 19.00-21.00 ma-do*

Caldeirão €€

25 E4

El único restaurante de verdad de la isla de Corvo sirve platos tradicionales y comidas rápidas, como hamburguesas y bocadillos. *9.30-21.00*

Papadiamandis €€

26 A6

Este restaurante en Fajã Grande es perfecto para un almuerzo ligero tras una mañana en la playa. Hay un par de opciones vegetarianas, pero el pescado fresco es la estrella. *12.00-15.00 y 19.00-21.30 ma-do*

Forno Transmontano €€

27 C8

Este pequeño restaurante de Fazenda das Lajes sirve platos tradicionales y clásicos del continente. La *feijoada à transmontana* del norte de Portugal es una de sus especialidades. *12.00-14.30 y 19.00-22.00*

Local contemporánea

Aldeia da Cuada €€

28 A7

Este restaurante de Aldeia da Cuada exige reserva y está abierto a no huéspedes del hotel. Ofrece platos de temporada elaborados con productos locales y tiene opciones veganas disponibles. *7.30-22.00*

INATEL Flores Hotel €€

29 C6

Abierto a no huéspedes, el restaurante del Hotel INATEL Flores sirve platos locales con un toque contemporáneo y vistas espectaculares a la bahía de São Pedro y Corvo. Reservar. *7.30-22.00*

Hotel Servi-Flor €€

30 F5

Dentro del hotel ubicado en el antiguo comedor de la base militar francesa, comidas con un toque local. El menú es de temporada y los platos se elaboran con ingredientes locales y técnicas francesas. Se aconseja reservar. *7.30-22.00*

Casa do Rei €€

31 B8

Este restaurante de propiedad alemana, que solo sirve cenas, es una rareza en las islas más pequeñas y ofrece opciones vegetarianas y platos veganos. Mejor reservar. *18.00-21.00 ma-do*

Cocina económica y 'petiscos'

Cana Roca
32 C8
Los lugareños acuden en masa al único restaurante italiano de Flores para disfrutar de las *pizzas* de masa fina con ingredientes locales frescos. *11.00-23.00 lu-sa, 11.00-19.00 do*

Mechim Judite
33 A7
Furgoneta de comida de temporada en Fajãzinha (diversas ubicaciones) con *petiscos* (tapas) elaborados con ingredientes locales. *12.00-21.00 vi-do*

Barraca Q' Abana
34 A6
Restaurante informal y barato junto a las piscinas naturales de Fajã Grande con bocadillos, hamburguesas y *petiscos*. Una opción económica. *12.00-15.00 y 18.00-21.00*

Cafés y bares

Big Love by Monica's
35 E8
El lugar ideal para un dulce o un *brunch* dominical en Santa Cruz das Flores. Ofrece vistas y una selección de bocadillos, *bagels* y pasteles

caseros. *12.00-19.00 lu-vi, 10.00-14.00 sa*

Irmãos Metralhas
36 E3
Uno de los pocos sitios para comer en Corvo, este café sirve comidas dignas con ingredientes frescos y un toque casero. *9.00-24.00*

Fora d' Horas
37 D6
Café acogedor en Santa Cruz das Flores con terraza; un buen lugar para tomar una copa y una comida ligera. *10.30-22.00 ma-do*

Beber

Bares informales

BBC Caffé & Lounge
38 E3
Local popular en Corvo, con música en vivo ocasional, para tomar *petiscos* y beber de madrugada con los lugareños. *8.00-24.00 lu-ma, 8.00-1.00 vi-sa, 9.00-23.00 do*

Lucino's Bar
39 E7
Café-bar tranquilo de gestión familiar en el corazón de Santa Cruz das Flores. Perfecto para tomar algo antes de cenar. *7.00-21.00 do-vi*

Buena Vista Café
40 C6
Copas con vistas en este café-bar con terraza frente a las piscinas naturales de Santa Cruz. *10.00-22.00 do, lu, mi y ju, 10.00-24.00 vi-sa*

Comprar

Artesanía y productos locales

Aparas de Madeira
41 E3
Mitad tienda, mitad taller, lugar ideal para comprar cerraduras de madera artesanales de Corvo y otras piezas hechas a mano. *9.00-18.00 ma-sa, 10.00-18.00 do-lu*

Queijaria Pico Redondo
42 A7
En esta pequeña quesería familiar de Fajãzinha se puede comprar uno de los quesos blandos artesanales de Flores. *9.00-12.00 y 14.30-16.30 lu-vi*

Palma - Botequim
43 C8
Esta tienda de arte y decoración en Lajes vende azulejos pintados a mano y bolsas que sirven de recuerdos originales. *11.30-17.00 lu, ma y ju, 13.00-17.00 sa*

⭐ **MERECE LA PENA**

Una ruta de medio día por Graciosa

Graciosa, la segunda isla más pequeña de las Azores, es una de las cuatro reservas de la biosfera de la Unesco del archipiélago. Es famosa por sus molinos de viento, de tipo holandés, un volcán inactivo al que se puede descender, sus pasteles con forma de estrella y una especie autóctona de burro.

CONSEJO
Si se visita la vecina Terceira, merece la pena añadir una excursión de dos días a Graciosa. SATA Air Açores opera vuelos regulares directos entre ambas islas; el viaje no dura más de 30 min.

Escanea este código QR para los horarios del Museu da Graciosa.

Ermida de Nossa Senhora da Ajuda

Las vistas despejadas sobre la ciudad de Santa Cruz son una de las razones para visitar la ❶ **Ermida de Nossa Senhora da Ajuda,** primera parada de este recorrido de medio día por la isla. Esta iglesia mantiene desde hace 300 años una tradición religiosa: el 24 de mayo de 1717, asustados por los terremotos y fiados a la misericordia divina, los habitantes de Graciosa caminaron desde Guadalupe hasta la cima de la colina de Ajuda llevando una imagen de Nuestra Señora. Según se dice, los terremotos cesaron, por lo que la romería se celebra cada año en la misma fecha. Leyendas aparte, desde el lugar también se puede ver la plaza de toros de Graciosa, inusualmente aislada en medio de un pequeño bosque.

Ponta da Barca

Aunque el ❷ **Farol da Ponta da Barca** es fotogénico (es el faro más alto del archipiélago, con 71 m sobre el nivel del mar), Ponta da Barca también es famosa por su ❸ **Ilhéu da Baleia,** una formación rocosa con forma de ballena fácil de ver frente a la costa. En un día claro, desde este mirador se puede ver a la izquierda la punta de la isla de Pico asomando sobre São Jorge. El faro está abierto a

N 0 ———————— 2 km

Océano Atlántico Norte

Bahía de Diagaves

Ilhéu da Baleia

Farol da Ponta da Barca ❷ ❸

Bahía de Vitoria

Aeródromo da Graciosa

Dores

Adega e Cooperativa Agrícola da Graciosa

Restaurante ✕ Costa do Sol

❽ ❹ Santa Cruz da Graciosa

R Infante Dom Henrique

Bôm Jesus

Funchais Santo Amaro

Av Mousinho de Albuquerque

Rebentão

Covas

❶ *Ermida de Nossa Senhora da Ajuda*

Fontes

Cemitério de Gualalupe

Guadalupe

Ilha Graciosa

Barro Branco

São Mateus (Praia)

Lagoa

Reserva Natural do Ilhéu da Praia

Ilhéu da Praia

Jorge Gomes

Ribeirinha

Almas

Caminho Manuel Gaspar

▲ Caldeirinha

Feiteira

Pedras Brancas

Fonte do Mato

❿ *Praia de São Mateus*

Fenais

Associação de Criadores do Burro Anão da Ilha Graciosa ❾

Fajã

Canada Longão

Furna da Maria Encantada ❻

⛺ Caldeira da Graciosa

Reserva Florestal de Recreio da Caldeira

Bahía de Engrade

❺ Vulcão da Caldeira da Graciosa

Bahía de Filipe

Luz

Cemitério de Luz

Bahía de Folga

Bahía de Quarteiro

Bahía de Eirinha

Carapacho ❼ ♨ *Termas do Carapacho*

Bahía de Poça

Ilhéu de Baixo

Reserva Natural do Ilhéu de Baixo

Océano Atlántico Norte

UNA PAUSA

Tras recorrer la isla se puede ir al ❹ **Restaurante Costa do Sol** para disfrutar de una sabrosa comida tradicional, empezando con una degustación de queso local y *linguiça* (un tipo de salchicha).

los visitantes los miércoles por la tarde de 14.00 a 17.00. Hay que subir los más de 100 escalones de la escalera de caracol hasta la cima para disfrutar de una vista de 360º grados de la mayor parte de la isla: Graciosa no solo es una de las islas más pequeñas del archipiélago, sino que también es casi completamente llana, con su punto más alto a solo 405 m.

Caldeira da Graciosa

El volcán inactivo ❺ **Caldeira da Graciosa,** también conocido como Furna do Enxofre, es la principal atracción de la isla. Por 5 € se puede descender a su núcleo por una escalera de caracol a menudo resbaladiza construida en una estrecha torre de piedra a principios del s. xx. En el interior hay un pequeño lago de agua fría (no se admiten visitas) y charcos de barro burbujeante. Una visita completa dura 30 min, para comprender los detalles de una erupción volcánica de hace unos 12 000 años. Hay medidores de dióxido de carbono: la tierra libera constantemente pequeñas cantidades de este gas, pero cuando los niveles se vuelven peligrosos para los visitantes (lo que es muy raro), se prohíben las visitas, por lo que es completamente seguro. Apenas 1 km al norte hay otra cueva llamada ❻ **Furna da Maria Encantada.** Según la leyenda, una niña cayó en la cueva, pero sobrevivió milagrosamente, y si se la llama por su nombre desde la entrada responde alegremente. Lo mejor es dejar a Maria en paz y disfrutar de la vista de Caldeira.

Carapacho

El pueblo de Carapacho, siempre muy concurrido en verano, es una visita obligada para los amantes de la playa por sus piscinas naturales protegidas de las corrientes oceánicas, que permiten bañarse incluso en invierno. Los habituales afirman que el agua es siempre más cálida que la de otras playas y piscinas de Graciosa y que es soportable incluso en los meses más fríos. El resto del año, los lugareños y los visitantes también acuden para disfrutar de las ❼ **Termas do Carapacho,** a pocos pasos de las piscinas naturales. Graciosa también es conocida por su producción local de melones, ajos y el vino blanco Pedras Brancas, que se pueden comprar en ❽ **Adega e Cooperativa Agrícola da Graciosa.** Si se viaja en familia se puede ir al otro lado de la isla para visitar la ❾ **Associação de Criadores do Burro Anão da Ilha Graciosa** y ver el burro autóctono por el que la isla es famosa.

Vila da Praia

Antes de regresar a Santa Cruz, hay que detenerse en Vila da Praia, al menos por dos razones. La primera es su pequeña playa de arena negra, la **Praia de São Mateus,** uno de los lugares más populares en los meses más cálidos, lo que explica que muchas de las casas junto al mar sean de alquiler o residencias estivales. La segunda razón es probar los famosos pasteles de la isla, las *queijadas da Graciosa*. Este dulce en forma de estrella está relleno de una crema a base de leche que sabe a caramelo con un toque de canela. Si la confitería está cerrada (abre 9.00-18.00, lu-sa), se pueden encontrar las *queijadas* en los supermercados locales y en el aeropuerto.

CÓMO DESPLAZARSE

Alquilar un coche o contratar un taxi son las mejores opciones para recorrer la isla. En Santa Cruz todo está cerca, así que es mejor visitar la ciudad a pie.

Ver Santa Cruz da Graciosa

En la encantadora Santa Cruz da Graciosa, todas las calles adoquinadas del centro conducen al mar, desde donde se puede apreciar cómo la ciudad lo abraza. En el centro, la plaza principal es el punto de encuentro de estudiantes y familias atareadas, trabajadores en sus pausas para el café y viajeros.

INICIO	FINAL	DURACIÓN
Praça Fontes Pereira de Melo	Ermida do Corpo Santo	1 km; 1 h

❶ Plaza pintoresca

Praça Fontes Pereira de Melo es el corazón de Santa Cruz. Hay que disfrutar por unos minutos de la energía de la ciudad en uno de sus cafés. Antes de ir a la siguiente parada se puede observar el campanario exento, único vestigio de un monasterio franciscano del s. XIX.

❷ Antiguos tanques de agua

Al otro lado de la plaza se ve la **Lagoa da Vila,** dos grandes lagunas artificiales donde los lugareños solían embalsar agua de lluvia para el ganado. Graciosa es una de las islas más secas del archipiélago. Estos depósitos de agua ya no se utilizan, pero son un recordatorio del ingenio local.

❸ Iglesia principal

La **Igreja Matriz de Santa Cruz da Graciosa** parece demasiado pequeña para ser la iglesia principal si se compara con las de otras islas, pero está a la escala de la localidad. En el interior, los techos de piedra labrada tardogóticos contrastan con las tallas doradas y los azulejos posteriores.

❹ Molino holandés

Hay que rodear la iglesia por la derecha y tomar el estrecho camino a la derecha hasta llegar al renovado **Moinho de Vento do Pico das Mentiras,** de estilo holandés. La isla tiene más molinos de viento, pero la mayoría se ha transformado en hogares, casas de alquiler u hoteles-*boutique*. Si se dispone de tiempo, conviene organizar una visita guiada con el Museu da Graciosa a su molino de viento en Fontes.

❺ Piscina natural

De vuelta a la iglesia, se gira a la derecha por la calle Pedro Correia da Cunha en dirección al mar. Siguiendo por la costa hasta **Cais da Calheta** se observa el litoral accidentado y la piscina natural a la que los lugareños acuden en verano.

❻ Vistas de la ciudad

Después de una breve parada, hay que seguir por la costa hacia la **Ermida do Corpo Santo** y disfrutar de las vistas desde uno de los bancos de piedra del exterior: a la izquierda están los restos de las murallas de un fuerte del s. XVIII, con los cañones originales; a la derecha, Santa Cruz, molinos de viento en la distancia y Nossa Senhora da Ajuda (p. 138) en la cima de la colina.

⭐ **MERECE LA PENA**

Santa María y alrededores

Santa María fue la primera isla de las Azores en ser descubierta y también es la más antigua, geológicamente hablando. Alberga algunos de los paisajes más inusuales, el festival de música de verano más antiguo de Portugal y la iglesia más antigua del archipiélago, construida en el s. xv por los primeros colonos. Es también la mejor isla para ver mantarrayas: los submarinistas acuden en masa en verano a **Baixa do Ambrósio,** una zona protegida con la mayor concentración de este animal.

CONSEJO

Santa María está a 30 min en avión de la vecina São Miguel. Hay dos vuelos diarios (a primera hora y a última), tiempo de sobra (si el clima lo permite) para una excursión de un día.

Escanea este código QR para más información práctica sobre excursiones a Santa María.

Ermida dos Anjos

Al llegar a la ❶ **Ermida dos Anjos,** es imposible no ver la vecina estatua de Cristóbal Colón, que parece competir por la atención de los visitantes. Los registros históricos indican que Colón se refugió en Santa María en su camino de regreso de América en 1493 para guarecerse de una tormenta. No consta en esos registros, pero muchos creen que llegó a la costa para rezar en Ermida dos Anjos. Los historiadores lo consideran improbable, ya que los lugareños desconfiaban de los extraños tras incontables ataques piratas.

La pequeña iglesia fue construida por los primeros colonos en el s. xv, lo que la convierte en el primer templo católico de las Azores. Lo más atractivo es el interior: el tríptico pintado del s. xvii y los azulejos del altar principal. Una inscripción en portugués medieval indica que los lugareños sobrevivieron a una invasión pirata escondiéndose en la iglesia después de que una decena de mujeres y niños fueran capturados y azotados; el látigo quedó olvidado y se expone sobre la inscripción como recordatorio de la invasión. Los lugareños todavía

Baixa do
Ambrósio

Océano
Atlántico
Norte

Área de Paisagem
Protegida da Baía
da Maia

Área de Paisagem
Protegida da Baía
da Maia

Cascata
do Aveiro **6**

Vigía

Feteirinha

Santo
Espírito

Área de Paisagem
Protegida do
Barreiro da Faneca

Área de Paisagem
Protegida da Baía
de São Lourenço

São
Lourenço

Pico Vermelho

Poço da
Pedreira **3**

Reserva Florestal
de Recreio das
Fontinhas

Cooperativa
de Artesanato **10**
de Santa María

Cemitério
de Santa
Bárbara

Santa
Bárbara

Cascata
da Ribeira **5**
do Malolás

Malbusca

Estrada Regional 2-2

Cavacas

Maré de
Agosto

Pico
Alto

Caldeira

Pico
Alto **4**

Estrada Regional 2-2

Praia
Formosa **7 8**

9

Praia Formosa

Área Protegida de
Gestão de Recursos
da Costa Sul

Barreiro **2**
da Faneca

Barreiro da
Faneca

São
Pedro

Almagreira

Pacho

Ramal para os Anjos

Vila do
Porto

Ermida
dos Anjos **1**

Anjos

Ilha de
Santa
María

Cova do
Areão

Caminho da Zemba

R. do Covo

Aída Terceira

Fontes Valverde

Miradouro da
Largo de Praia Macela
Nossa Senhora
da Conceição

Estrada Regional 2-2

Aeroporto
de Santa
María

Ilhéu
da Vila

Reserva
Natural do
Ilhéu da Vila

145

CÓMO DESPLAZARSE
Lo mejor es alquilar un coche o un taxi para hacer una excursión de medio día por la isla y recorrer Vila do Porto a pie. Los autobuses son impredecibles.

celebran una misa el 2 de septiembre para recordar a los que perecieron y a los que sobrevivieron.

Barreiro da Faneca

Cada isla tiene su seña de identidad natural: los lagos profundos son lo primero que viene a la mente. Pero en Santa María, ese honor corresponde al ❷ **Barreiro da Faneca** o, como lo llaman los lugareños, el "desierto rojo". Esta área protegida de 8,35 km² de arcilla anaranjada-rojiza, con poca vegetación, no existe en ningún otro lugar del archipiélago. Si se dispone de tiempo, se puede ir desde allí hasta ❸ **Poço da Pedreira** (a unos 11 km): la lluvia se ha acumulado en una antigua cantera a lo largo de los años y es lo más parecido a una laguna en Santa María. Para los viajeros con un horario más ajustado, es mejor ir en coche. Hay una mesa de pícnic cerca del lago para hacer una pausa mientras se disfruta de la vista.

Pico Alto

Conduciendo hacia el este de la isla se observa un cambio abrupto en el paisaje exclusivo de Santa María. El itinerario debe incluir una parada en la cima de ❹ **Pico Alto,** techo de la isla a 587 m (se llega subiendo una escalera levemente empinada). En un día claro, se pueden ver dos mitades muy diferentes de la isla: la más antigua y plana (en torno a seis millones de años) y la más nueva, más montañosa y verde (alrededor de cuatro millones de años). Ambas áreas son volcánicas, pero una serie de eventos geológicos hacen que parezca que se unieron dos fragmentos de tierra diferentes.

Cascata da Ribeira do Maloás

No se aprecia desde la carretera, así que para ver la versión reducida local de la Calzada del Gigante de Irlanda del Norte hay que tomar un sendero corto, pero empinado, de 550 m. Está mejor mantenido en verano; si se visita en la temporada de lluvias, es de esperar que esté embarrado y con hierba alta. La ventaja de ir en invierno es ver la ❺ **Cascata da Ribeira do Maloás** cayendo por las formaciones rocosas. Si se dispone de tiempo para ver otra cascada, hay que hacer una parada en la ❻ **Cascata do Aveiro** de camino a Maloás; allí, el agua cae desde una altura de 100 m por rocas de basalto hasta un estanque en el que vive una decena de patos.

Praia Formosa

Si se pregunta a los lugareños cuál es la mejor playa de su isla, suelen responder: "¿Con arena o sin arena?". Para quienes prefieren las playas de arena, ❼ **Praia Formosa** es la favorita. En invierno, el océano casi no deja espacio, pero se puede apreciar la vista. A finales de agosto, se convierte en la sede de ❽ **Maré de Agosto,** el festival de verano más antiguo de Portugal, que ha cumplido 40 años en el 2024. Durante decenios fue el único evento de este tipo en las Azores, y lugareños y visitantes acudían en masa para disfrutar de tres noches de música y playa. El programa mezcla géneros musicales, pero con protagonismo de las músicas del mundo. Antes de regresar a Vila do Porto, hay que disfrutar de las vistas del océano con una copa en ❾ **O Paquete.**

Guía práctica

Biscoitos (p. 69).
FRANCESCO BONINO/SHUTTERSTOCK ©

Viajar en familia

En cada isla hay al menos un parque forestal gratuito donde los niños pueden disfrutar de la naturaleza. Las Azores ofrecen muchas oportunidades para observar fauna salvaje, descubrir volcanes y nadar en tranquilas piscinas naturales.

Servicios para bebés

En los aeropuertos y en algunos restaurantes y cafeterías hay lugares para cambiar pañales (*fraldários,* normalmente en el baño de mujeres). Los adoquines y las aceras estrechas o inexistentes dificultan el desplazamiento por algunas ciudades con carritos de bebé. Es mejor llevar un portabebés o una mochila.

PARQUES FORESTALES

En las Azores hay 27 parques forestales. Es fácil encontrar uno a poca distancia en coche del alojamiento; en todos hay mesas de pícnic, baños y áreas de juego.

Comer fuera

La mayoría de los restaurantes es apta para familias y niños, pero no todos tienen tronas *(cadeiras de bebé).* Algunos tienen menú infantil, con porciones más pequeñas o platos especiales, pero la mayoría sirve medias raciones *(meias doses).* Como alternativa, siempre hay patatas *(batatas)* fritas, sopa, pan, queso y mantequilla.

Viajar con niños

Hay que evitar los sitios relacionados con la extinta industria ballenera de las Azores si se viaja con niños demasiado pequeños para comprender el contexto.

Billetes de ferri

Los niños mayores de 13 años pagan tarifa completa, de 3 a 12 años pagan un 50% y los menores de dos años viajan gratis.

Entradas a museos

En la mayoría de los museos la entrada es gratuita para niños menores de 4 años y los de entre 5 y 12 años (a veces 14) pagan el 50%. Algunos tienen tarifas especiales para familias de dos adultos y dos niños (menores de 14 años).

Alojamiento

Las Azores ofrecen una amplia gama de alojamientos en cada isla, adecuados a todos los presupuestos y tipos de viaje.

Si te gusta...

Sentirse como un lugareño

Los lugareños suelen viajar de una isla a otra para ir al médico o por negocios, para lo que eligen pensiones céntricas y económicas. Los servicios son modestos, pero con un alto nivel de confort.

Dormir bajo las estrellas

En todas las islas hay al menos un *camping*, normalmente cerca de una playa o una piscina natural. En verano es una opción asequible.

CUÁNTO CUESTA

Casa rural
100-150 €

Albergue juvenil
20 €

Pensión **30 €**

IMPRESCINDIBLE

Nos encanta...
Casas rurales

Ningún otro alojamiento permite descubrir las Azores mejor que una casa rural. Suelen estar aisladas y rodeadas de naturaleza, pero son lo suficientemente accesibles como para no tener que hacer largos desplazamientos a los lugares de interés, cuentan con todas las comodidades modernas y conservan elementos antiguos: edificios de piedra basáltica y muebles rústicos.

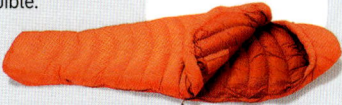

Estancias económicas

Las *pousadas da juventude* (albergues juveniles) son baratas y perfectas para estancias cortas, con desayuno incluido, pero suelen estar lejos del centro de las ciudades (excepto en Santa María).

Una estancia independiente

El mercado inmobiliario de las Azores aún no está dominado por el *alojamento local* (alquiler entre particulares). Es la mejor opción en las islas con menos hoteles.

Ir de 'camping' con estilo

El *glamping* es relativamente nuevo en las Azores, pero está ganando terreno, con servicios de alta calidad en cabañas de madera en lugares exclusivos.

Comida, bebida y fiesta

Alergias e intolerancias

La ley obliga a los restaurantes y cafeterías a incluir los alérgenos en la lista de ingredientes. Normalmente están indicados, pero siempre hay que preguntar al camarero antes de pedir.

CÓMO SE DICE

cacahuetes *amendoim*
frutos secos *frutos secos*
gluten *gluten*
lácteos *lacticínios*
marisco *marisco*
Soy alérgico a... *Faço alergia a...*

CÓMO PREGUNTAR...

¿Este plato tiene gluten?
¿Isto é sem gluten?
¿Lleva frutos secos?
¿Isto contem frutos secos?
¿Tienen algún plato vegano?
¿Há alguma alternativa vegan?

— LAPAS —

Las lapas son un plato muy codiciado en las Azores que se sirve a la parrilla con limón. Sin embargo, al ser una especie protegida, solo los pescadores con licencia pueden capturarlas en las zonas designadas, excepto entre el 1 de octubre y el 31 de mayo. En ese período se sirven congeladas (pero igualmente deliciosas).

Entrantes tradicionales

El queso fresco acompañado de *pimenta da terra* (pasta de chiles rojos machacados) se suele servir como entrante en los restaurantes de cocina tradicional. Normalmente se ofrece la variedad más suave (de lo contrario, el picante predomina sobre el sabor del queso), pero es mejor preguntar.

Pagar la cuenta

A menos que el restaurante esté lleno, los camareros solo traen la cuenta cuando se pide. Basta levantar la mano y decir: *"A conta, por favor"*.

Dividir la cuenta La cuenta se divide en partes iguales. Para confirmar que se desea dividir la cuenta, los camareros preguntan: *"Tudo junto ou separado?"* ("¿Junto o por separado?").

La **propina** no es obligatoria, por lo que no está incluida en la cuenta. Si el servicio en un restaurante es excepcional, lo habitual es dejar entre un 5 y un 10 %; en cafeterías y bares, se puede redondear. Se puede dejar propina en efectivo sobre la mesa si se paga con tarjeta. Para pagos en efectivo, basta decir *"Fique com o troco"* ("Quédese con el cambio").

PRECIOS

Los siguientes precios se refieren al coste medio de un plato principal, bebidas no incluidas.

€ menos de 10 €
€€ 10-15 €
€€€ más de 20 €

HORARIOS

Cafés 7.00-18.00
Restaurantes 12.00-21.00; algunos restaurantes cierran tras el almuerzo a las 15.00 y abren a las 18.00 para la cena.
Cafeterías 9.00-22.00

Salir

La escasa oferta de discotecas en las Azores hace que a veces se baile en los bares, especialmente los que cierran más tarde, hacia las 2.00. En São Miguel hay más oferta nocturna, desde la popular y siempre abarrotada discoteca Raiz (p. 56) hasta el clásico bar Cantinho dos Anjos (p. 56). Bares en los que relajarse con una copa en otras islas: Manezinho (p. 121) en São Jorge, Cella Bar (p. 107) en Pico y Oceanic (p. 91) en Faial.

Cuándo ir A los bares se llega en torno a las 21.00. Las discotecas abren a las 23.00.

Qué llevar El ambiente en bares y discotecas suele ser muy relajado. Basta llevar ropa informal para confundirse con la multitud.

Fiestas locales Durante las fiestas, religiosas o no, la mayoría de los bares cierra o tiene un horario limitado para no distraer a los clientes que comen y beben en las *festas*. Los beneficios se destinan a las festividades del año siguiente o a organizaciones benéficas locales.

CUÁNTO CUESTA

'Fino' (copa de cerveza de 20 cl) desde 1,50 €

'Prato do dia' (menú) 8-10 €

Expreso 0,80-1 €

Refresco, Kima Maracujá 1,50-2 €

Copa de vino local 6 €

Cena en restaurante tradicional desde 15 €/persona

Pastel desde 1,50 € en una *pastelaria*

Comunidad LGTBIQ+

Las Azores son un destino seguro para viajeros LGTBIQ+. Los lugareños suelen ser menos tolerantes con la comunidad LGTBIQ+ insular.

Ambiente LGTBIQ+ local

El matrimonio entre personas del mismo sexo está legalmente permitido desde el 2010, y la adopción por parejas del mismo sexo, desde el 2016. Sin embargo, la mentalidad local tiene que cambiar mucho. La comunidad LGTBIQ+ de las Azores sufre aún discriminación, y muchos ocultan su identidad sexual a amigos y compañeros de trabajo para evitar el rechazo familiar y el aislamiento social. Las cosas están mejorando y las mentes se han abierto un poco en Ponta Delgada (São Miguel), pero no tanto en el resto de las islas. Las parejas del mismo sexo que viajan a las Azores no serán discriminadas, pero pueden sentirse incómodas. La comunidad LGTBIQ+ local no revela lugares seguros ni locales en su isla a extraños por temor.

IMPRESCINDIBLES

Negocios respetuosos con la comunidad LGTBIQ+

Azores Forever Diner En este restaurante de Ponta Delgada, uno de los primeros negocios de la ciudad respetuosos con la comunidad LGTBIQ+, ondea la bandera del Orgullo. **O Quarteirão** Barrio artístico en el corazón de Ponta Delgada y espacio seguro con tiendas, galerías de arte, cafés y restaurantes.

EL ORGULLO EN LAS AZORES

La primera edición se celebró con discreción en el 2012. Pero con el apoyo de ONG locales, ha crecido hasta convertirse en una celebración de una semana en julio.

(A)MAR

Con sede en Ponta Delgada, **(A)MAR** proporciona asistencia jurídica y sanitaria a la comunidad LGTBIQ+ de las Azores y organiza charlas en escuelas.

Recursos

● **As Cores dos Açores** ONG LGTBIQ+ local que lucha contra la discriminación en las zonas más conservadoras de las Azores. *as-cores-dos-acores3.webnode.pt*

● **Rede Ex-Aequo** Organización de apoyo a escala nacional para jóvenes LGTBIQ+ de 16 a 30 años. *rea.pt*

Salud y seguridad

La tasa de criminalidad es muy baja en las Azores, que figuran siempre entre los destinos más seguros del mundo.

MITOS SOBRE EL CLIMA

Aunque las previsiones meteorológicas puedan indicar lo contrario, no siempre llueve en las Azores. Llueve más que en el resto de Portugal, pero incluso en invierno se puede disfrutar de cielos despejados y días más cálidos. Dicho esto, es cierto que el tiempo puede cambiar en un instante.

Salud

Solo Faial, Terceira y São Miguel cuentan con hospitales totalmente equipados y abiertos sin interrupción. El resto de las islas tiene Centros de Saúde (centros de salud) con al menos un enfermero y un médico de atención primaria, que incluye consultas con el generalista, vacunas y tratamiento de lesiones menores sin cirugía. En todas las islas hay farmacias y dispensarios, y al menos uno abierto 24 h, los 7 días de la semana, en días predeterminados.

Humedad

A pesar del clima suave, los días de verano parecen más cálidos debido a una humedad superior al 70%.

Terremotos y volcanes

CIVISA sigue de cerca la actividad sísmica. A excepción de Flores y Corvo, en todas las islas la hay, casi siempre imperceptible. Las posibilidades de que se produzca una erupción volcánica en tierra en las Azores son remotas; la mayor parte de la actividad se produce en el mar. Para obtener actualizaciones diarias, hay que descargar la aplicación Azores Quake (solo para Android) o consultar el sitio web de CIVISA.

——— AGUA DEL GRIFO ———

En cualquier lugar de las Azores se puede beber agua del grifo. En los restaurantes y cafeterías, si se pide un vaso de agua, nunca está embotellada.

A TENER EN CUENTA

Visitas

Hay que respetar la señal de "prohibido el paso" en las áreas naturales protegidas.

Baño

Debe evitarse el baño en lugares donde no haya socorristas.

Senderismo

Si se hace una ruta en solitario, es preferible informar a alguien del itinerario previsto.

Turismo responsable

Basta seguir estos consejos para dejar una huella menor, apoyar la economía local y generar un efecto positivo en las comunidades.

Digitalización

Para evitar el desperdicio de papel, la web del Gobierno ofrece ma digitales descargables con los principales puntos de interés de cada isla, muchos con códigos QR con explicaciones detalladas. L aplicación Azores Viewpoints (disponible para Android e iOS) enum todos los miradores de las islas y brinda información práctica sobr los servicios de emergencia locales, hospitales y farmacias.

Plástico

Los plásticos de un solo uso, como los agitadores de café, los tenedores y los vasos, están prohibidos por ley en cafeterías y restaurantes. Las bolsas de plástico en supermercados, tiendas de alimentación y comercios cuestan 0,10 €.

IMPRESCINDIBLE

Avistamiento de ballenas

Las empresas que organizan excursiones de avistamiento de ballenas (visitazores. com/es/experiencias -azores/observacion -de-ballenas) siguen un estricto código de conducta para garantizar el bienestar de los animales e informan a los visitantes sobre lo que se debe y no se debe hacer antes de la salida.

Miosótis Azores

Este programa gubernamental emite certificados de sostenibilidad y medioambientales para los alojamientos de las Azores. El certificado Miosótis se creó para reconocer a las empresas locales respetuosas con el medio ambiente. Los hoteles, pensiones, alojamientos de alquiler entre particulares y albergues deben renovar el certificado al final de cada año.

Recursos

● **sustainable.azores.gov.pt** Las mejores prácticas y los logros de las Azores en materia de sostenibilida
● **soscagarro.azores.gov.pt** Sitio web de la campañ de protección SOS Cagarro.

RECICLAJE

Hay muchos contenedores de reciclaje (azules para papel, amarillos para plástico y envases, verdes para vidrio) en todas las islas, y la tasa de reciclaje es superior al 80%.

SOS Cagarro

Los *cagarros* (pardelas atlánticas) vuelan a las Azores a finales de febrero para aparearse y anidar. Entre octubre y noviembre, algunas aves jóvenes se desorientan con las luces cuando abandonan el nido para su primera travesía oceánica y desgraciadamente se estrellan: durante esos meses críticos, Corvo se queda completamente a oscuras de 21.00 a 4.00. En 1995, el Gobierno lanzó la campaña SOS Cagarro, que instaba a la gente a rescatar las aves, registrarlas en línea y dejarlas en los puntos de entrega designados. Luego son liberadas.

El cambio climático y los viajes

Es imposible ignorar el impacto de nuestros viajes y la importancia de hacer cambios. Lonely Planet anima a todos los viajeros a involucrarse en su huella de carbono. Muchas webs de líneas aéreas y sitios de reservas ofrecen la opción de compensar el impacto de los gases de efecto invernadero realizando donaciones para iniciativas respetuosas con el clima en todo el mundo. Seguimos compensando la huella de carbono de todos los viajes del personal de Lonely Planet, aunque reconocemos que es más una mitigación que una solución.

Hay muchas calculadoras de carbono en línea que permiten estimar las emisiones de carbono generadas por un viaje; puede accederse a **resurgence.org** usando el código QR de la derecha.

MARCA AÇORES

El logo Marca Açores indica que un producto o servicio está certificado como auténtico y producido en las Azores.

Accesibilidad

Aviones y aeropuertos

Los aeropuertos de las Azores ofrecen asistencia a pasajeros con movilidad reducida. El servicio debe solicitarse 48 h antes de la salida o al reservar el vuelo. Algunos de los aviones de SATA Air Açores que operan vuelos interinsulares son pequeños; en temporada baja, hay que solicitar el servicio lo antes posible.

ADOQUINES

Las calles y plazas adoquinadas, irregulares y a menudo resbaladizas, son un reto para los viajeros con movilidad reducida. La mayoría de las calles de los centros históricos tienen aceras estrechas, lo que obliga a los usuarios de sillas de ruedas a utilizar la calzada.

Playas accesibles

La mayoría de las zonas de baño de las Azores son piscinas naturales de difícil acceso rodeadas de rocas. Pero en cuatro de las islas hay playas certificadas como accesibles. La lista se actualiza anualmente (véase **portal.azores. gov.pt/web/drotrh/ praia-acessivel**).

ALOJAMIENTO

Los hoteles más grandes y nuevos, así como algunos albergues y pensiones, cuentan con habitaciones y baños adaptados. Suele ser más difícil encontrar instalaciones accesibles en casas rurales reformadas y en alquileres particulares.

Recursos

● **tur4all.com** La web de esta ONG enumera los lugares de interés, hoteles y restaurantes accesibles, basándose en visitas independientes.

Lo esencial

⏱ Horario comercial

Los horarios pueden variar según la temporada. Es habitual que los bares, cafés y restaurantes de pueblos y ciudades remotas no abran entre semana o si no aceptan reservas, a pesar de la información oficial.

Bancos 8.30-15.00 lu-vi

Bares 17.00-2.00

Cafés 7.00-23.00 en la mayoría de los casos

Oficinas de correos 9.00-18.00 lu-vi. Las más pequeñas pueden cerrar a la hora del almuerzo (13.00-14.00)

Restaurantes 12.00-22.00

Tiendas 10.00-18.00 lu-vi, algunas 10.00-13.00 sa

Supermercados 9.00-21.00 todos los días

🚭 Fumar

Está prohibido fumar (incluidos los cigarrillos electrónicos) en edificios públicos, hospitales y escuelas y en el transporte público. Tampoco está permitido en bares, restaurantes, cafeterías (incluidas las terrazas y los patios interiores semicerrados) ni en hoteles, a menos que exista una zona separada y cerrada para fumadores.

A TENER EN CUENTA

Hora local Hora estándar de las Azores (GMT/UTC -1 h)

Código de país +351

Emergencias 112

Población 242 850

Aberto Abierto

Fechado Cerrado

ELECTRICIDAD
230V/50Hz

📅 Fiestas oficiales

Tiendas, bancos y oficinas públicas y privadas están cerrados los siguientes *feriados* (días festivos):

Dia de Ano Novo (Año Nuevo) 1 de enero

Carnaval (martes de Carnaval) febrero/marzo

Páscoa (Semana Santa) Viernes Santo y Domingo de Pascua; marzo/abril

Dia da Liberdade (Día de la Libertad) 25 de abril

Dia do Trabalhador (Día del Trabajador) 1 de mayo

Dia dos Açores (Día de las Azores) Lunes de Pentecostés; 50 días después de Pascua

Dia de Portugal 10 de junio

Implantação da República (Día de la República) 5 de octubre

Restauração da Independência (Día de la Independencia) 1 de diciembre

Dia de Natal (Navidad) 25 de diciembre

159

Idioma

IDIOMA

Lo básico

Hola. Olá. *o-la*

Adiós. Adeus. *a-de-ush*

Sí. Sim. *si^n*

No. Não. *nau^n*

Por favor. Por favor. *pur fa-vor*

Gracias. Obrigado/a (m/f). *o-bri-ga-du/a*

Lo siento. Faz favor! *fash fa-vor*

Disculpe. Desculpe. *desh-kul-pe*

Sonidos característicos

La 'r' gutural (parecida al francés) y las vocales nasales (pronunciadas como si se expulsara el aire por la nariz).

Frases útiles

¿Cómo se llama? Qual é o seu nome?
kual e u se-u no-me

Me llamo... O meu nome é ...
u me-u no-me e ...

¿Habla inglés? Fala inglês? *fa-la sh-pa ñol*

(No) entiendo. (Não) Entendo.
(nau^n) e^n ten-du

¿Dónde está ...? Onde é ...? *o^n-de e ...*

¿Puede escribir eso, por favor?
Podia escrever isso, por favor?
po-de-shkre-ver e-so por fa-vor

¿Puede mostrarlo (en el mapa)?
Pode-me mostrar (no mapa)?
po-de-me mush-trar (no ma-pa)

¿Qué hora es? Que horas são? *ki o-rash sau^n*

Son las (10). São (dez) horas. *sau^n (desh) o-ras*

(10) y media. (Dez) e meia. *(desh) i mei-a*

de la mañana. da manhã. *da ma-ña^n*

de la tarde. da tarde. *da tar-de*

de la noche. da noite. *da noi-te*

ayer. ontem. *o^n-te^n*

mañana. amanhã. *·ma-ña^n*

Números

um *u^n*

dois *doish*

três *tresh*

quatro *kua-tru*

cinco *sin-ku*

Información útil

Advertencia: muchas palabras portuguesas se parecen a otras españolas, pero tienen un significado completamente diferente: por ejemplo, *salsa* (saal·sa) significa 'perejil' y no 'salsa' (*molho,* mo·lyoo, en portugués). Los verbos tienen una terminación diferente para cada persona, como en español: 'yo hago' en lugar de 'él/ella hace'. La expansión de la lengua portuguesa comenzó durante el período conocido como Os Descobrimentos (Era de los Descubrimientos), la época dorada colonial de Portugal. El alcance del imperio se puede ver en la cantidad de países en los que el portugués es idioma oficial: Brasil, Cabo Verde, Santo Tomé y Príncipe, Guinea-Bissau, Angola, Mozambique, Macao y Timor Oriental.

EMERGENCIAS

¡Ayuda! Socorro!
su·ko·ju
¡Fuera!
Vá-se embora!
va·se e^{n}bo·ra
¡Llame ...! Chame ...!
cha·me ...
a un médico.
um médico.
u^n me·di·ku
a la policía.
a polícia.
a pu·li·sia

Señalización

Entrada/Saída
Entrada/Salida
Aberto/Fechado
Abierto/Cerrado
Há Vaga
Hay habitaciones
Não Há Vaga
No hay habitaciones
Informação Información
Esquadra da Polícia
Comisaría de Policía
Proibido Prohibido
Casa de Banho Aseos
Homens Hombres
Mulheres Mujeres
Quente/Frio Caliente/Frío

——— LENGUAJE INFORMAL ———

tudo bem? – Literalmente significa "¿todo bien?", pero es más una frase hecha que una expresión de interés real.

então – Palabra multiusos que cambia de significado con cada inflexión. Puede ser una forma breve de hacer una pregunta o un saludo (¿então?), una advertencia educada (¡então!) o una pausa antes de una explicación larga (¿então...?).

t'fona-me – contracción extrema de *telefoname* ('llámame').

pá – Se traduce como 'pan', pero suele usarse como interjección que significa '¡tío!' o '¡colega!'.

tipo – Se utiliza en el mismo contexto en el que muchos hispanohablantes usan 'como', pero se traduce literalmente como 'tipo'.

 seis *seish*

 sete *se·te*

 oito *oi tu*

 nove *no ve*

 dez *desh*

Índice

Puntos de interés p. 000
Págs. de los planos **p. 000**

Véanse también los subíndices:

 Comer p. 165

Beber p. 166

Comprar p. 166

Comer

Beber

Comprar

La opinión del lector

Nos encanta escuchar a los viajeros, ya que con sus comentarios nos ayudan a mejorar nuestros libros. Podéis escribirnos a lonelyplanet.com/contact; leemos todos los mensajes y garantizamos que estos lleguen a los autores.

Nota: Es posible que algunos fragmentos de estos mensajes aparezcan en nuevas ediciones de las guías Lonely Planet, en la web o en productos digitales. Si preferís que vuestro contenido o nombre no sean publicados, por favor, indicadlo claramente. Para obtener una copia de nuestra política de privacidad, podéis visitar lonelyplanet.com/legal.

geoPlaneta
Av. Diagonal 662-664, 08034 Barcelona
www.geoplaneta.com – www.lonelyplanet.es

Lonely Planet Global Limited
Lonely Planet Global Limited, Digital Depot,
The Digital Hub, Dublín D08 TCV4, Irlanda
www.lonelyplanet.com
Contacta con Lonely Planet en: lonelyplanet.com/contact

Azores de cerca
1ª edición en español – enero del 2025
Traducción de *Pocket Azores*, 1ª edición –
octubre del 2024
© Lonely Planet Global Limited

Editorial Planeta, S.A.
Av. Diagonal 662-664, 7º. 08034 Barcelona (España)
Con la autorización para la edición en español de Lonely Planet Global Limited, Digital Depot,
The Digital Hub, Dublín, D08 TCV4, Irlanda

© Textos y mapas: Lonely Planet, 2024
© Fotografías: según se relaciona en cada imagen, 2024
© Edición en español: Editorial Planeta, S.A., 2025
© Por la traducción del texto: David Gippini, 2025

ISBN: 978-84-08-29171-8
Depósito legal: B. 9.927-2024
Impresión y encuadernación: Unigraf
Printed in Spain – Impreso en España